PRÉCIS

DE

SOCIOLOGIE NORD-AFRICAINE

(PREMIÈRE PARTIE)

PAR

A.-G.-P. MARTIN
Professeur à l'École Supérieure de Commerce de Bordeaux,
Chevalier de la Légion d'honneur.

PARIS
ERNEST LEROUX, ÉDITEUR
28, RUE BONAPARTE, 28

1913

PRÉCIS
DE
SOCIOLOGIE NORD-AFRICAINE

DU MÊME AUTEUR :

Les Oasis Sahariennes (Paris, *Challamel;* Alger, *Imprimerie Algérienne*, 1908) . . . . . . 1 vol.

Géographie Nouvelle de l'Afrique du Nord (Paris, *Forgeot et Cie*, 1912) . . . . 1 vol.

POUR PARAITRE DANS QUELQUE TEMPS :

Quatre Siècles d'histoire marocaine. . . . 1 vol.

Aziz — Casablanca — Hafid . . . . . . 1 vol.

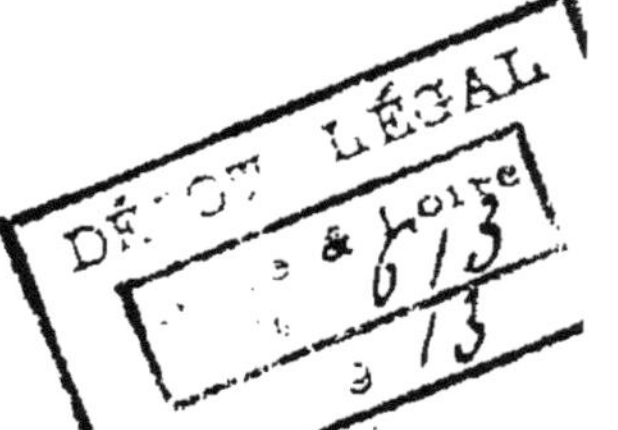

PRÉCIS

DE

SOCIOLOGIE NORD-AFRICAINE

(PREMIÈRE PARTIE)

PAR

A.-G.-P. MARTIN

Professeur à l'École Supérieure de Commerce de Bordeaux,
Chevalier de la Légion d'honneur.

PARIS
ERNEST LEROUX, ÉDITEUR
28, RUE BONAPARTE, 28

1913

TABLE DES MATIÈRES

AVANT-PROPOS

Les hommes qui veulent déployer leur activité hors de leur pays doivent étudier, au préalable, non seulement la langue en usage dans le pays où ils iront, mais encore l'organisation sociale et politique du peuple au milieu duquel ils opéreront.

Si cela est déjà vrai quand on envisage les pays européens où le langage, la société et la législation sont relativement peu dissemblables, combien n'est-ce pas plus évident encore quand on se prépare à aborder l'Afrique du Nord musulmane, où les populations ont reçu, d'une religion peu connue en Europe, des institutions politiques et une constitution sociale, un caractère, des goûts et des besoins profondément différents de ceux des sociétés européennes.

Encore, pour les Français, l'Afrique du Nord offre-t-elle un intérêt tout particulier et d'importance primordiale.

C'est en effet l'entreprise nationale la plus considérable qui ait été jamais réalisée, que l'occupation, sur l'autre rive de la Méditerranée, d'un territoire *utile* de plus de 1.200.000 kilomètres carrés, peuplé d'une quinzaine de millions d'hommes, que l'implantation dans ce milieu d'un nouveau peuple atteignant un million d'individus, élargissant le monde européen et provoquant un mouvement commercial annuel de près de deux milliards de francs — un septième de l'activité économique totale de la France.

Voilà ce qui impose la connaissance des hommes et des choses de l'Afrique du Nord, non seulement aux jeunes Français qui méditent de s'y rendre, mais *à tous les Français en général*, car tous doivent prévoir l'éventualité de relations d'affaires avec leurs compatriotes nord-africains, et tous les citoyens, soit comme électeurs soit comme élus dans les différentes assemblées politiques, doivent se mettre en mesure de se faire des opinions raisonnées, de prendre des décisions judicieuses, dans la conduite des affaires politiques et de l'éducation sociale des populations européenne et musulmane de l'Afrique du Nord.

C'est ainsi que les Français pourront éviter les attitudes et les gestes inopportuns, l'imprévoyance ignorante, les expériences malencontreuses qui ont souvent amené des incidents désagréables, tels que les insurrections qui se sont succédé en Algérie, les mouvements plus récents de Margueritte (département d'Alger), de Tala (Tunisie) et la révolte de Fès en 1912.

Ainsi nous éviterons des désagréments économiques tels que l'éviction, du marché marocain, de la bougie française à la stéarine, graisse animale *impure* et proscrite, par la bougie anglaise à la paraffine, produit minéral *non prohibé* par la loi religieuse des Musulmans.

Ainsi enfin la tutelle métropolitaine pourra éviter les longues tergiversations qui arrêtent ou entravent l'essor économique de ses pupilles nord-africains : croirait-on par exemple que, depuis dix années, la Chambre des députés étudie toujours la formule de son approbation au projet algérien de concession des mines de l'Ouenza, qui doit procurer à la colonie 200 kilomètres de voie ferrée et 300 millions de francs de recettes !

C'est à faire comprendre aux Français de France leurs compatriotes et leurs collaborateurs européens installés en Afrique du Nord, et aux uns comme aux autres les origines et la structure sociale de la population musulmane de ce pays, que doit conduire l'étude de la SOCIOLOGIE NORD-AFRICAINE.

LA TRANSCRIPTION FRANÇAISE DES MOTS ARABES

L'étude sociologique de l'Afrique du Nord impose l'emploi d'un grand nombre de mots arabes dont les équivalents n'existent pas en français, noms propres de pays, de lieux, d'hommes, noms de titres, de fonctions, de castes sociales, d'objets, de faits particuliers au peuple musulman de langue arabe qui habite l'Afrique du Nord.

Il faudra donc *transcrire* ces mots qui sont intraduisibles.

Or, la transcription de l'arabe en français est tout particulièrement difficile, car l'alphabet arabe ne contient pas moins de 18 lettres n'ayant pas de correspondantes exactes en français ; et cette dissemblance ne diminue pas si, au lieu de rechercher des transcriptions orthographiques, on s'en tient à une transcription phonétique.

Depuis que la conquête d'Alger a imposé

aux Français l'usage courant d'un certain nombre de mots arabes, on a cherché à réviser, pour les rendre plus pratiques, les modes de transcription assez compliqués qu'avaient antérieurement adoptés les savants.

Cette réforme simplificatrice, entreprise d'abord par une *Commission scientifique de l'Algérie*, donna un système aussi compliqué que celui qu'il s'agissait de simplifier.

La question fut donc reprise, en 1865, par le ministre de la Guerre qui prescrivit de multiples enquêtes, et finit, en 1868, par fixer le système officiel de transcription imposé à toutes les administrations publiques.

Mais pendant les longues années qu'on avait passées à l'étude de la question, des solutions diverses avaient été adoptées, de droite et de gauche, pour de nombreux cas particuliers et urgents, et des mots avaient ainsi acquis leur « figure », qui devait résister à la réglementation officielle trop tard venue.

Dans une question qui n'admet pas de solution mathématique, chacun préconise un système différent : l'un veut transcrire par des groupes de lettres ; l'autre veut n'employer que des lettres uniques, mais affectées de signes spéciaux ; un autre encore prétend employer, pour sa transcription *française*, des lettres qui, soit en espagnol, soit en anglais, soit en allemand, se trouvent équivaloir à certaines lettres arabes.

Pour nous, le système qui paraîtra le meilleur sera le plus simple : 1° employer chaque fois qu'elle existe une lettre semblable française, même si elle n'est pas absolument équivalente ; 2° adopter, dans le cas où cette similitude n'existe pas, la transcription la plus courante et la plus simple, sur ces bases et sauf pour certains mots à faciès acquis ; nous rendrons donc :

ا par a, i, ou, *ou* è.

ث par t.

ج par dj.

ح par h.

خ par kh.

ذ par d.

ش par ch.

ص par s.

ض par d *ou* dh.

ط par t.

ظ par d.

ع par â, oû, *ou* î (suivant la voyelle dont il est affecté).

غ par gh.

ق par k.

ة par h.

و par ou.

ي par i *ou* y.

ء par a, i, ou, etc.

Les autres lettres arabes ont leurs correspondantes exactes en français.

Ire LEÇON

MAHOMET AVANT L'HÉGIRE

Mahomet naquit à La Mekke, vers 570, dans la tribu arabe des Koreïch.

Il était fils d'Abdallah et 22e petit-fils d'Adnane, descendant direct d'Ismaël, fils d'Abraham, ce qui constituait la plus grande noblesse chez les Arabes; sa famille détenait, de père en fils, une des charges les plus importantes du temple commun des tribus du Hedjaz, à La Mekke.

Il fut, dès son enfance, prédisposé à des crises nerveuses qui servirent plus tard à faire attribuer un rôle surnaturel à sa personne.

Orphelin à 6 ans, il fut élevé par son oncle Abou-Taleb dans le commerce; à 13 ans, il l'accompagna en Syrie, où il séjourna ensuite à plusieurs reprises, et où il fréquenta des moines chrétiens.

Il devint plus tard l'intendant de Khadidja, une veuve riche qui le prit ensuite pour mari.

Modeste et de vie irréprochable, il fut pris pour arbitre par les chefs des tribus, pour décider qui aurait le droit de mettre en place, dans le temple reconstruit, la pierre noire, dite Kâba : il la fit placer sur un manteau dont il fit tenir les coins par tous les chefs concurrents, et il se réserva à lui-même le soin de la mettre en place.

Il devint ainsi l'un des hommes marquants de la ville.

Le pays était ruiné par les guerres de tribus et la famine consécutive à l'arrêt du commerce; les Perses, les Grecs du Bas-Empire et les Abyssins avaient envahi la péninsule arabique; et celle-ci était partagée, au point de vue religieux, entre des tribus, les unes idolâtres, les autres pratiquant la religion juive ou la religion chrétienne, qui étaient en guerre permanente les unes contre les autres.

Mahomet se recueillit jusqu'à l'âge de 40 ans, et c'est alors seulement qu'il annonça avoir reçu sa première révélation divine, au cours d'un des séjours prolongés qu'il faisait sur le mont Hira ; encore ne l'annonça-t-il qu'en secret à son épouse Khadidja, qui devint la première adepte de la nouvelle religion.

Deux ans après, il commença une propagande discrète, et il obtint vite une centaine de fidèles ; ceux-ci étant menacés par les Idolâtres qu'il dénonçait et combattait dans ses prédications, il fit émigrer les siens en Abyssinie, mais il resta de sa personne dans la ville pendant plusieurs années encore.

Vers sa 52e année, il perdit Abou-Taleb et ne put se maintenir plus longtemps à La Mekke : menacé de mort, il dut s'enfuir et il se réfugia à Yatrib, sous la protection de douze habitants de cette ville, qui lui jurèrent fidélité (serment d'Akaba) ; ce furent les 12 Ansar (réminiscence des douze apôtres du Christ).

IIe LEÇON

L'HÉGIRE ET LE CALENDRIER MUSULMAN

L'*hégire*, ou *fuite* (هجرة) du Prophète, de La Mekke, ayant marqué le jour à partir duquel la prédication de Mahomet, jusque-là secrète, s'effectua au grand jour, a été adoptée pour point de départ des supputations chronologiques de l'Islam : cette fuite eut lieu le *16 juillet 622*.

L'ère hégirienne est en usage chez tous les Musulmans, en Orient comme dans toute l'Afrique du Nord.

Elle est basée sur l'année astronomique *lunaire*, qui est calculée sur 12 *lunaisons* dont la durée est de 29 jours 12 heures 44 minutes 2 secondes, ce qui donne une année de 354 jours 8 heures 48 minutes 33 secondes.

Cette année est donc de 11 jours environ plus courte que l'année *solaire*, ou grégorienne, d'où il résulte que le premier jour de l'année musulmane parcourt tout le cercle de l'année grégorienne en une période de 33 ans et demi environ.

Pour maintenir leur calendrier d'accord avec les lunaisons qui ne comprennent pas un nombre entier de jours, les Musulmans ont des mois de 29 et de 30 jours alternés, ce qui fait leur année de 354 jours ; de plus ils ajoutent un jour à onze années différentes dans chaque période de trente années.

Voici les noms des mois :

1. Moharrem,	30 jours.		7. Redjeb,	30 jours.	
2. Safar,	29	—	8. Châbane,	29	—
3. Rebiâ 1er,	30	—	9. Ramadane,	30	—
4. Rebiâ 2d,	29	—	10. Choual,	29	—
5. Djoumad 1er	30	—	11. Dou'l-Kâda,	30	—
6. Djoumad 2d,	29	—	12. Dou'l-Hidja,	29	—

L'année musulmane a compté au début trois fêtes religieuses :

L'*Achoura*, ou la *dixième* (nuit), le 10 moharrem ;

L'*Aïd-Seghir*, ou la *petite fête*, le 30 ramadane ;

L'*Aïd-Kebir*, ou la *grande fête*, le 10 dou'l-hidja.

Une quatrième, le *Mouloud*, ou *Nativité* (du Prophète), a été instituée vers le troisième siècle hégirien, comme nous le verrons plus loin.

La semaine commence le dimanche, *el-had*, et elle est de sept jours, qui se comptent du coucher du soleil au coucher du soleil suivant.

Pour les conversions *approximatives* des années grégoriennes en années hégiriennes, on peut utiliser la formule $H = \frac{(G - 622)\ 365}{354}$.

De même pour traduire une année hégirienne en année grégorienne, on applique la formule $G = \frac{H \times 354}{365} + 622$.

Mais il y a une erreur possible qu'on ne peut éviter que par des calculs prolongés.

Il existe en librairie des *tables de concordance* des deux calendriers, par années, mois et jours, établies pour ce siècle, le précédent et le suivant, et aussi des *calendriers* de tout genre, portant simultanément les deux datations.

IIIe LEÇON

LE PROPHÈTE, CHEF DE LA RELIGION ET DE L'ÉTAT D'ISLAM

Le premier soin du Prophète, installé à Yatrib, fut de faire édifier une mosquée pour célébrer au grand jour le culte qu'il avait prêché secrètement pendant 13 ans à La Mekke.

La ville l'avait accueilli avec enthousiasme, et l'importance qu'elle attachait à le posséder se traduisit par le changement de son nom de Yatrib en celui de *Medinet en-Nabi*, ville du Prophète dont nous avons fait *Médine*.

Là, aucune personnalité locale ne pouvait se mesurer avec la sienne, et Mahomet devint vite le chef spirituel et aussi le chef temporel, réalisant un cumul qui devait, par la suite, faire partie de la charte islamique.

Cette autorité complète fut, dans les débuts, extrêmement lourde.

Il fallut d'abord souder intimement le petit groupe de Mekkois qui l'avaient suivi, ses compagnons, les *ashab*, avec les gens de la ville ; pour cela le Prophète décréta que chacun des Mekkois serait le *frère* d'un des habitants de Yatrib, non seulement au point de vue moral, mais dans l'ordre matériel.

Puis comme ses Ashab, pas plus que les Ansar, n'étaient riches, Mahomet dut songer à les faire subsister.

Le seul procédé rapide et sûr était de piller les caravanes qui, de Syrie à La Mekke, passaient à la portée de Médine : c'était la guerre, et il la fit.

Au combat de Bedr, il battit une troupe de La Mekke et enleva la riche caravane qu'elle escortait.

Le Prophète s'attaqua ensuite à une tribu juive qu'il vainquit ; il distribua ses biens et ses terres aux Musulmans.

Attaqué ensuite par les gens de La Mekke, il fut battu par eux à Ohod, mais il rétablit son prestige par plusieurs expéditions heureuses contre des tribus voisines, et il continua d'étendre son autorité et de conquérir des territoires.

En l'an 6 de l'hégire, Mahomet voulut faire, à la tête de 1.400 fidèles, le pèlerinage au temple de la Kâba, coutume immémoriale qu'il avait introduite dans la religion d'Islam, et comme les Mekkois s'y opposaient par les armes, il conclut avec eux la *Trève* pour attendre que ses forces s'accrussent suffisamment pour s'imposer : ce pacte donna une existence officielle à l'État d'Islam dont Médine était devenue la capitale.

Cette puissance, Mahomet l'affirma encore en entrant en relations avec les États limitrophes de l'Arabie : il traita d'égal à égal avec le roi de Perse et avec l'empereur grec Héraclius, de Byzance.

Ces démarches eurent un effet moral considérable, car elles firent de Mahomet le représentant attitré de l'Arabie, aussi bien aux yeux des Étrangers qu'à ceux des Arabes eux-mêmes, dont la plupart firent adhésion à la religion d'Islam, se rangeant en même temps sous l'autorité de son chef politique.

Au pèlerinage de l'an 7, La Mekke l'accueillit bon gré mal gré, et l'année suivante, Mahomet rompit la Trève, pénétra dans la ville sainte à la tête de 10.000 Musulmans, brisa les idoles, et conserva le temple au culte du Dieu unique.

Il soumit et se rallia encore d'autres tribus arabes, assujettit à un tribut les tribus juives, et en l'an 9, il commença les conquêtes extérieures de l'Islam, en prenant aux Grecs la ville de Tebouk.

Dans cette fortune, le Prophète était resté

simple et accueillant, visible pour tous à toute heure du jour et de la nuit, offrant l'exemple de la piété et de la bonté ; il se donnait comme un homme semblable aux autres, mais ayant seulement reçu de Dieu une mission prophétique semblable à celles qu'avaient eues Abraham, Moïse et Jésus.

Il mourut à Médine en 11 de l'hégire (632) laissant quatre filles dont une seule, Fatima, mariée à Ali, devait laisser une postérité.

IVe LEÇON

LES KHALIFES, OU SUCCESSEURS (DU PROPHÈTE)

Le Prophète, souverain temporel et spirituel, était mort sans postérité mâle, et il s'était abstenu non seulement de désigner son successeur, mais encore de fixer une procédure pour sa désignation : c'était admettre implicitement que le choix des fidèles devrait s'exercer librement sur ce point.

Les Musulmans s'accordèrent en effet pour attribuer le pouvoir suprême à Abou-Beker, beau-père du Prophète, que celui-ci avait chargé de conduire le pèlerinage de l'an 9 à La Mekke, comme aussi de présider la prière publique du vendredi, pendant sa dernière maladie.

Abou-Beker prit donc le pouvoir avec le titre de *Khalife* (خليفة), vicaire, lieutenant ou successeur (du Prophète) : il fournit, dans les cas douteux, l'interprétation des versets coraniques, et il les appliqua dans la distribution de la justice, de même qu'il fut le chef de l'État d'Islam, et commanda ses armées.

Après lui, la série des Khalifes se continua par Omar, puis par Otmane, l'un après l'autre régulièrement *élus*, et unanimement obéis par les Musulmans.

Mais, après Otmane, l'élection qui avait porté au pouvoir suprême Ali, neveu et gendre du Prophète, fut contestée et combattue les armes à la main par Mâouïa, ancien secrétaire du Prophète, devenu gouverneur de Syrie.

Ali, vainqueur dans la lutte, accepta cependant une transaction qui lui laissa, avec le titre d'*Imam*, ou Pontife, l'autorité civile et religieuse, tout en passant à Mâouïa, avec le titre d'*Emir-el-Moumenine*, ou Prince-des-Croyants, l'autorité politique et militaire.

Peu après, Ali disparut poignardé, et Mâouïa prétendit réunir dans sa main les deux titres et tous les pouvoirs.

De plus il assura la transmission du rang suprême à ses descendants, fondant ainsi la dynastie des Omeïades, et transformant la république, avec chef élu à vie, qu'avait été d'abord l'Islam, en une monarchie héréditaire.

Les partisans d'Ali reconnurent, après celui-ci, d'autres imams, et ils ont formé le schisme des *chiites*, qui s'est maintenu chez les Persans jusqu'à nos jours.

C'est aussi un descendant d'Ali et de son épouse Fatima-Zohra, fille du Prophète, que nous verrons plus tard fonder l'empire musulman d'Occident.

L'inexistence d'une règle précise pour la désignation du souverain a causé, depuis Mâouïa, bien d'autres désordres, car si l'universalité des Musulmans a le droit de prendre part à l'élection du prince, en fait ce choix s'est souvent exercé simultanément dans diverses régions, qui se sont pourvues de Khalifes dont l'autorité n'était pas reconnue ailleurs.

De cela devait sortir le démembrement prochain et irrémédiable de l'Islam-empire.

Ve LEÇON

LES BASES FONDAMENTALES DE L'ISLAM : LE CORAN

Pour arriver à une compréhension exacte de la société musulmane, il faut prendre l'Islam à son début, comme nous l'avons fait, discerner ses bases, et suivre les additions ou altérations qu'il a subies pour en arriver à son état actuel.

Le mot « islam اسلام » signifie *résignation* (à la volonté de Dieu), et il fut adopté par le Prophète lui-même, pour désigner le corps de doctrines qu'il présentait comme des ordres émanés de Dieu, à lui transmis par l'ange Gabriel.

Ces révélations lui étaient faites oralement par l'ange, au hasard des circonstances, ou pour fournir des solutions aux difficultés qui se présentaient, au cours de crises très pénibles pendant lesquelles on le recouvrait d'un voile ou d'un manteau, et dont il sortait suffoqué anéanti et couvert d'une sueur abondante.

Mahomet déclarait répéter sans altération ni modification les paroles entendues de l'ange, et les fidèles présents les retenaient par cœur; on eut ainsi des *porteurs de Coran* (حافض الفران) qui savaient littéralement une ou plusieurs révélations, et qui les récitaient au besoin.

Ce n'est que beaucoup plus tard, sous le Khalife El-Mamoun, l'Abbasside, qu'on pensa à établir un texte écrit de cette Récitation, ou *Korane* (فران).

On eut ainsi un *Livre* dans lequel chaque révélation forme un ou plusieurs versets (آية); les versets sont groupés selon le sujet qu'ils traitent, en 114 *sourates* (سورة), ou chapitres, de longueur inégale, les plus longs placés au commencement, pour terminer par les plus courts, sans aucun ordre chronologique.

Le Coran est, en plus, divisé en 60 parties égales, dites *hizeb* (حيزب), pour la commodité de la récitation au cours des prières publiques.

La révélation étant parfois revenue dans des sens différents sur de mêmes sujets, il y a des versets *solides*, *abrogés*, *abrogeants* ou *douteux*.

Le caractère général de la doctrine coranique est de se présenter comme la suite de la doctrine établie par Abraham, puis modifiée par Moïse, et modifiée encore par Jésus : elle se donne donc comme le terme dernier et le plus parfait des doctrines juive et chrétienne.

Sous la forme littéraire la plus belle de la langue arabe, sinon la plus claire, elle envisage toutes les actions de l'homme et les classe en *licites* et *illicites*, en *recommandables* et *répréhensibles*.

Elle proclame l'unité et l'éternité de Dieu, la mission de Mahomet, la vie future avec des récompenses et des châtiments, tout en restreignant le libre arbitre par un fatalisme limité; elle fixe les obligations primordiales, les devoirs du fidèle envers Dieu, le Prophète ou son successeur, comme aussi ses devoirs civils et sociaux.

Elle lui impose d'abord cinq *obligations*, dont les trois premières sont permanentes et les deux dernières occasionnelles, savoir :

1° La prière (صلاة) ;

2° Le jeûne (صيام) ;

3° La dîme, ou plutôt purification (زكاة) ;

4° Le pèlerinage (حج) ;

5° La guerre sainte (جهاد)

VIe LEÇON

LES BASES FONDAMENTALES DE L'ISLAM : LES HADITS

La forme trop concise, trop laconique des révélations apportées par Mahomet, le manque de clarté résultant du système graphique arabe, ont fait que le Coran n'a pas suffi pour éclairer les Musulmans d'une façon complète sur la portée précise des devoirs qui leur étaient imposés.

Et comme le Prophète s'était donné comme un homme semblable aux autres, et soumis comme eux, sauf sur de rares points, aux prescriptions divines, l'idée est venue naturellement de rechercher dans ses paroles et dans ses actes le modèle vécu, l'indication supplémentaire, pouvant servir à comprendre les imprécisions ou les lacunes du Coran.

Cette recherche fut d'autant plus aisée que

Mahomet avait vécu presque continuellement en public, que son rôle de souverain politique et religieux avait fait remarquer ses moindres gestes et propos, et qu'on a pu ainsi rassembler de véritables documents ayant une valeur historique réelle, au lieu de récits d'un caractère plus ou moins légendaire, comme c'est le cas pour la plupart des autres fondateurs de religions, révélées ou non.

Ces documents sont dénommés *hadit* (حديث), ou « récits » (concernant le Prophète).

La même nécessité de prévenir l'oubli dans la suite des temps, qui avait fait écrire le Coran, décida les Musulmans à les écrire de même, et le Khalife Omar ben Abdelaziz, l'Omeïade, encouragea cette entreprise ; mais la chose fut faite avec le plus grand souci de l'exactitude, de l'authenticité et de la véracité.

Ce fut au point que, pour chaque hadit, ou récit, on exigea que le rapporteur pût citer le nom de celui de qui il le tenait, et aussi les noms de tous ceux qui se l'étaient transmis avant lui, jusqu'au témoin direct, oculaire ou auriculaire, contemporain du Prophète : cette chaîne de noms se nomme l'*isnad* (اسناد), et elle est toujours citée avant chaque hadit.

L'examen critique de chacun fut donc aussi parfait qu'on peut le désirer : par exemple le savant El-Bokhari, dont le recueil de hadits est, de nos jours, surtout en usage chez les Musulmans de l'Afrique du Nord, n'a retenu et enregistré que 7.275 récits sur plus de 600.000 qui étaient parvenus à sa connaissance.

Ce recueil, qui a été traduit en français, est intitulé *Sahih El-Bokhari* (صحيح البخاري) ou *Recueil authentique d'El-Bokhari.*

Dans l'éducation musulmane, les hadits jouent un rôle plus important que le Coran lui-même.

En effet, parmi tous ceux qui savent celui-ci par cœur, rares sont ceux qui le comprennent, comme sont rares, chez les Chrétiens, ceux qui comprennent les prières latines qu'ils disent.

La rédaction des hadits est beaucoup plus claire, et elle se trouve à la portée des individus d'instruction moyenne ; ils puisent donc toutes les indications désirées, pour toutes les circonstances de la vie, dans ces recueils qui sont, pour eux, une sorte de *vade-mecum*, un cours de morale en action, ou bien quelque chose comme ce qu'est le « catéchisme » chez les Chrétiens.

Les Persans schismatiques dénient toute valeur aux hadits, ceux qui les acceptent pour règle, comme les Nord-africains, sont dits « Sunnites », de *Sunna* (loi traditionnelle) سنة.

VIIe LEÇON

LA LÉGISLATION MUSULMANE ; LES QUATRE ÉCOLES ORTHODOXES

De la difficulté de comprendre les préceptes du Coran et de dégager le sens et la portée des faits, gestes et propos rapportés par les hadits, est né le besoin que de savants juristes déduisissent, de ces deux bases fondamentales, des conclusions pratiques traduisant les enseignements qu'elles contenaient en puissance.

Ces juristes n'ont pas fait, à proprement parler, œuvre de législateurs, car ils n'ont pas rédigé un véritable code, ils ont seulement signalé aux Musulmans les moyens d'éviter, en toute circonstance, de se mettre en contradiction avec les principes du Coran et des hadits : ils ont établi la *législation* musulmane.

Comme ils ont travaillé isolément, le résultat de leurs travaux offrit quelques variantes, mais ils ont été les chefs de quatre écoles qui, toutes les quatre, sont considérées comme orthodoxes.

Fondée par l'imam Malek, né à Médine au temps des Abbassides, l'école *malékite* rallie la masse du peuple musulman de l'Afrique du Nord ; ses règles sont exposées dans le « Précis » de Sidi-Khelil.

On suit aussi, sur quelques rares points, tant à Alger qu'à Tunis, les doctrines de l'école *hanéfite*, quand elle offre certains accommodements que ne donne pas l'autre.

Ainsi l'école hanéfite admet comme légale, à l'opposé de celle de Malek, l'antichrèse, ou prêt sur nantissement, avec cession du gage en cas de non-remboursement à l'échéance fixée (رهنة) : cela facilite souvent les transmissions de propriétés.

Le caractère général de l'école malékite est de tenir compte plutôt de la lettre, tandis que l'école hanéfite dégage plutôt l'esprit des versets coraniques.

Les deux autres écoles, *chaféite* et *hanbalite*, n'ont pas d'adhérents en Afrique du Nord.

Depuis que ces écoles ont fixé leurs doctrines, des doutes se sont élevés sur certains points, soit dogmatiques soit juridiques ; des nouveautés sont intervenues, comme l'usage du café et du tabac, ou la question de la séparation des pouvoirs civils et religieux du souverain, récemment posée en Turquie comme en Algérie et en Tunisie.

Le soin d'élucider la légalité de tous ces points et d'accommoder au Coran les nécessités modernes est reconnu aux *oûlama* (عُلَماء) ou docteurs, qui procèdent par des *fetoua* (فتوة) ou consultations, dont l'autorité se mesure à la valeur personnelle de ceux qui les rendent.

Ce sont ces oûlama qui exercent la fonction légiférante, même au-dessus du prince, dans les États musulmans actuels : ceux de Fès et de Tunis sont particulièrement écoutés.

VIIIe LEÇON

LES TROIS OBLIGATIONS PERMANENTES :
1° LA PRIÈRE

La profession de foi, qui est l'essence de la prière, doit être connue, car il lui est arrivé de servir à des Européens isolés, en temps de troubles, à obtenir la vie sauve ; la voici :

لا اله الا الله محمد رسول الله *la ilah ill'Allah, Mohammed rasoul Allah.* Il n'est de dieu que Dieu, Mahomet est l'envoyé de Dieu.

Elle s'énonce en levant l'index de la main droite, que les Musulmans nomment الشاهد le *témoin* (chahed).

La prière nous intéresse, sinon par sa teneur, du moins par les formalités qui l'accompagnent, car y mettre obstacle mène à s'aliéner les Musulmans ; et aussi par les heures auxquelles elle a lieu, car alors les Musulmans sont susceptibles d'interrompre tout travail, et parce que les heures de prière servent à désigner les moments de la journée.

Il y a cinq prières, savoir :

1° Au point du jour, ou aurore الفجر le *fedjer ;*

2° Au zénith du soleil (الظهر), le *dohor*, environ 1 heure après midi ;

3° Au point médian entre le zénith et le coucher du soleil : l'*âcer* (العسر) ;

4° Au moment où le soleil se couche (المغرب) le *maghreb*, le couchant ;

5° Quand la nuit est complètement noire (العشا) l'*âcha*, le dîner.

La prière est obligatoirement précédée d'une ablution (التوضو), faite même avec du sable à défaut d'eau.

Le fidèle peut la faire à l'endroit même où il se trouve, en plein champ par exemple, et dans ce cas, il place à une petite distance devant lui un objet quelconque, pierre, chaussures, etc., ou bien il trace une ligne sur le sol: il serait malséant et maladroit de passer entre lui et cet obstacle, car il considère l'espace délimité ainsi comme lui permettant de se trouver en présence de Dieu.

La prière du dohor du vendredi doit être faite en commun, à la mosquée si c'est possible, ou bien dans certaines enceintes formées de pierres sèches, que l'on rencontre fréquemment en pays musulman.

Cette prière est comparable à l'office du dimanche des Chrétiens, elle comporte, en plus, des formules habituelles, des lectures de parties du Coran (حيزب) et une sorte de prône, ou sermon (خطبه) qui se termine par une *prière politique* pour le souverain (en Algérie, on la fait au nom de la République française, selon une formule officielle qui est plus ou moins consciencieusement récitée).

Le vendredi est férié par les Musulmans, comme le dimanche par les Chrétiens et le samedi par les Juifs : au Maroc, non seulement les Musulmans l'observent, mais même les administrations publiques, comme la douane, le Contrôle de la Dette, les gouverneurs de villes, etc.

L'entrée des mosquées, où les Musulmans ne pénètrent que déchaussés, est interdite aux Européens, et plusieurs d'entre elles ont *droit d'asile.*

IXe LEÇON

LES TROIS OBLIGATIONS PERMANENTES : 2° LE JEÛNE

Comme la prière agit sur l'esprit, le jeûne agit directement sur le corps pour rappeler au fidèle ses devoirs permanents envers Dieu.

Calquant les Juifs qui jeûnent en commémoration de la sortie d'Égypte, laquelle tombe le 10e jour de l'année lunaire, dit âchoura (عشورة), Mahomet avait d'abord prescrit pour ce jour un jeûne qu'il supprima ensuite : depuis, les Musulmans célèbrent l'âchoura par une fête vaquée.

Par contre le Coran indique que le neuvième mois de l'année lunaire, ramadane, pendant lequel eut lieu la première révélation, serait tout entier consacré au jeûne.

Le jeûne est donc de 30 jours, et il commence, dans chaque pays ou localité, à partir du moment où le nouveau croissant de la lune a été aperçu, après le coucher du soleil, par deux témoins honorables.

Il consiste, comme le jeûne des Juifs, à s'abstenir de manger, boire, fumer, comme de tout commerce sexuel, depuis l'aube du jour jusqu'au coucher du soleil, les fidèles ayant le loisir de faire, pendant la nuit, tout ce qui leur a été défendu dans la journée.

Il est obligatoire à partir de l'âge de la puberté; les malades, voyageurs et guerriers ont le droit de l'interrompre, quitte à faire ensuite le nombre de jours par eux laissé.

La nuit du 26 ramadane est dite « la Nuit du Destin » (ليلت القدر) parce que c'est alors que sont irrévocablement fixés tous les événements qui se dérouleront jusqu'à la suivante nuit du Destin.

A ce laps d'une année se borne la croyance à la fatalité, c'est-à-dire à une loi supérieure à la volonté humaine, que l'on croit communément plus éternelle chez les Musulmans : ce n'est donc qu'une fatalité restreinte.

Elle explique d'ailleurs la résignation absolue avec laquelle ils supportent, sans se plaindre ni récriminer, les malheurs divers qui causent parfois de si bruyantes lamentations chez les Chrétiens.

La fin du jeûne se célèbre par une grande fête, dite la *petite fête*, ou *fête de l'égorgement*

(عيد الذ بيحة) parce que toutes les familles, même les pauvres qui le reçoivent des riches à titre d'aumône, tuent et mangent un mouton ce jour-là.

Il y a aussi une grande prière publique, ainsi que des réceptions officielles, tant par le souverain dans la capitale, que par les gouverneurs dans toutes les villes, accompagnées de cadeaux importants.

Le ramadane est une période de surexcitation religieuse pour tous les Musulmans.

Xe LEÇON

LES TROIS OBLIGATIONS PERMANENTES :
3° LA DÎME

La dîme, ou plus exactement *purification*, est le prélèvement que chaque fidèle doit faire sur ses revenus, tant en faveur de la communauté musulmane, autrement dit de l'État, qu'en faveur des pauvres, afin de jouir en paix de sa fortune.

La dîme envers l'État est généralement du 1/10e (عشر) et est payable en nature ; on n'y est pas assujetti quand on ne jouit pas d'un revenu minimum qui est de cinq onces (وقية) d'argent pour un commerçant ou un industriel, ou de cinq charges de chameau de grains ou de dattes pour un agriculteur ; l'éleveur est taxé dès qu'il possède, soit 30 bœufs, soit 5 chameaux, soit 40 moutons ou chèvres.

La dîme envers l'État est donc en somme un

impôt sur le revenu, avec minimum imposable, le système fiscal que beaucoup d'États européens modernes n'ont pas encore réussi à réaliser.

Le montant de cet impôt, parvenu dans les caisses de l'État, doit être employé, pour 6/9e à secourir les indigents de toute sorte, pour 2/9e aux besoins politiques (guerre sainte et espionnage), et pour 1/9e à rémunérer les agents collecteurs.

C'est en essayant de remplacer par un nouvel impôt ce système fiscal, sur les conseils de favoris européens, que l'avant-dernier sultan du Maroc, Abd-el-Aziz, provoqua dans tout le pays les insurrections et les désordres qui ont abouti à l'établissement du protectorat français.

La France n'a pas trouvé mieux que de maintenir cet impôt coranique, tant dans la Tunisie protégée que dans l'Algérie devenue terre française, quitte à ne pas se conformer à toutes les prescriptions islamiques pour l'établissement de l'assiette de cet impôt, ni pour l'emploi des ressources qu'il procure.

La seconde partie de la « purification » s'opère par des versements *directs* aux pauvres, c'est l'*aumône*, ou *sadaka* (الصدقة) ; son importance est laissée à la bonne volonté du fidèle, mais tous les Musulmans la pratiquent largement, en vue de se conformer à l'exemple donné de son vivant par le Prophète, qui alla jusqu'à abandonner la moitié de la galette d'orge dont se composait son repas.

Les Musulmans pratiquent souvent la « purification » par l'abandon à perpétuité d'une partie de leur revenu.

Dans ce cas, le fidèle fait constater, par acte notarié, qu'il *immobilise* tel immeuble, c'est-à-dire s'interdit tout droit de l'aliéner, et qu'il en affecte les revenus à telle œuvre pieuse, soit aux pauvres de telle ville, soit à la construction ou à l'entretien de tel édifice du culte, ou d'utilité publique ; cet acte d'*immobilisation* (*hobous* (حبس) dans l'Ouest, et *ouakaf* (وقف) à Tunis) est très fréquent et a amené la constitution, dans toute l'Afrique du Nord, d'une grande étendue de terres de main-morte, ou fondations pieuses, légalement inaliénables.

XIe LEÇON

LES DEUX OBLIGATIONS OCCASIONNELLES : 1° LE PÈLERINAGE

De même que les prières journalières et le jeûne annuel assurent la discipline de l'individu, et que la prière en commun hebdomadaire et la dîme annuelle lui imposent des devoirs spirituels et pécuniaires vis-à-vis de la société et de l'État, il était bon qu'une circonstance périodique fournît aux Musulmans une occasion de se rencontrer, de vivre durant quelques jours d'une vie commune, avec l'esprit tourné dans une direction unique : cette communion des âmes pouvait être, pour l'unité islamique, un lien plus puissant que même la soumission à l'autorité suprême d'un unique chef, qui pouvait, à un moment donné, être contestée, ou disputée par des compétiteurs.

Pour obtenir ce résultat, Mahomet n'a eu

qu'à faire reprendre par l'Islam une coutume antérieure qui réunissait une fois par an tous les Arabes à La Mekke, pour le culte des idoles au temple commun.

Le Coran fit donc du pèlerinage annuel au temple de La Mekke, transformé pour l'usage des Musulmans, une des cinq obligations absolues. Cependant ce devoir impératif devint vite difficile à remplir quand l'empire islamique se fut agrandi jusqu'à l'Inde et à l'Atlantique, aussi les quatre écoles orthodoxes ont-elles admis que l'exécution du pèlerinage pourrait être différée et raréfiée, dans la mesure où elle serait rendue possible par les ressources et l'état de santé du fidèle, et aussi par l'état de tranquillité des pays à traverser.

Il s'en est suivi que nombre de gens s'en sont trouvés dispensés, en fait, et que ceux qui le font méritent une considération particulière qui se traduit par le titre d'*El-Hadj* (الحاج) couramment placé devant leur nom, pendant tout le reste de leur vie.

Les cérémonies du pèlerinage s'ouvrent chaque année, à La Mekke, le 10 dou'l-Hidja, qui est également férié, dans tout le monde musulman, sous le nom de l'*aïd-kebir* (العيد الكبير) la *grande fête*.

Ce premier jour est consacré aux sacrifices et il est suivi de quatre autres jours affectés à l'accomplissement de différentes cérémonies.

Ces cinq journées sont précédées et suivies de périodes de six semaines l'une, représentant le temps nécessaire pour se rendre à La Mekke et en revenir, et pendant lesquelles on doit faire trève à toutes hostilités ; ce sont les trois mois *sacrés* de dou'l-Kâda, dou'l-Hidja et moharrem.

Le nombre des pèlerins qui se réunissent ainsi chaque année, dans la capitale religieuse de l'Islam, varie de 100.000 à 300.000 individus.

XIIe LEÇON

LES DEUX OBLIGATIONS OCCASIONNELLES : 2° LA GUERRE SAINTE

La cinquième obligation fondamentale se nomme en arabe le *djihad* (الجهاد) littéralement l'*effort*. Mais cette traduction littérale ne dit rien aux Français, et l'on a dû employer à sa place une locution rendant l'esprit plutôt que la lettre, nous disons donc : la *guerre sainte*.

C'est pour la même raison que nous avons désigné sous le nom de *dîme* la Zekat, ou *purification*.

D'après les textes coraniques, la guerre sainte a eu, au début, un caractère purement défensif : c'était la lutte pour le maintien de l'intégrité du territoire musulman.

Mais comme il était stipulé que ceux qui y trouveraient la mort auraient une place privilégiée et de grandes faveurs dans le Paradis, la guerre sainte fut déclarée à tout propos, et même dans des buts offensifs, — pour agrandir le territoire de l'Islam, aux dépens des non-Musulmans.

La guerre sainte ne peut être déclarée que par le Prince-des-Croyants, et non par un prince ou émir quelconque, et il doit la précéder de deux sommations publiques à trois jours d'intervalle, enjoignant aux Infidèles visés, ou de renoncer à leur religion pour entrer dans l'Islam, ou d'accepter le joug musulman en qualité de tributaires.

Toutefois si l'on s'adresse à des Idolâtres, cette alternative se réduit pour eux à se faire Musulmans ou à accepter la lutte.

Si les sommations restent sans effet, la guerre commence; si l'ennemi est idolâtre, tout ce qui résiste est tué ou réduit en captivité; si l'ennemi est Chrétien ou Juif, on doit lui accorder, s'il la demande, une capitulation fixant une rançon annuelle moyennant laquelle il devient « tributaire », gardant sa foi et ses biens, et même une partie de ses lois, comme son statut personnel.

Quant au butin, la partie mobilière en est partagée : 1/5 revient au trésor public et 4/5 sont répartis entre les combattants.

Si la guerre sainte tourne à la victoire de l'ennemi, le Prince-des-Croyants peut la terminer par un traité pour éviter un dommage

(ضرورة) à l'Islam, jusqu'à ce qu'il ait repris de nouvelles forces.

Après une guerre sainte heureuse, les terres conquises peuvent être *terres de capitulation*, c'est-à-dire rester entre les mains de leurs propriétaires chrétiens ou juifs qui ont capitulé, et qui continuent à en jouir moyennant un impôt spécial; s'il n'y a pas eu de capitulation, elles deviennent *terres de conquête* et appartiennent en propriété à l'État musulman qui en dispose selon certains modes que nous verrons plus tard.

Le Maroc en particulier est tout entier *terre de conquête.*

La guerre sainte, جهاد, est distincte de la guerre ordinaire, ou politique, dite غزو *ghezou.*

XIIIe LEÇON

LES DISPOSITIONS GÉNÉRALES DE LA LOI CORANIQUE

Nous avons déjà pu voir que le caractère de l'Islam est de ne violenter la raison que dans une mesure relativement assez faible, puisqu'il ne comporte qu'un seul mystère, l'existence de Dieu, et qu'il ne reconnaît à Mahomet qu'une mission spéciale le différenciant peu des autres hommes.

Il ne prévoit pas de clergé et laisse à l'individu la plus grande somme de liberté qui se puisse concevoir, puisque celui-ci n'a pas d'intermédiaire avec Dieu, et n'a envers la société que des devoirs peu nombreux et bien déterminés; bien plus, dans beaucoup de cas, l'individu reste maître de s'appliquer à lui-même, sans intervention de l'autorité publique, certaines punitions fixées par le Coran pour le rachat de certaines fautes, et qui consistent en jours de jeûne ou en aumônes supplémentaires, dits jours pénitentiels, ou aumônes pénitentielles; ou encore en affranchissement de captifs, etc.

L'Islam n'impose ni célibat, ni réclusion volontaire, ni macérations excessives, tout au plus son jeûne consiste à intervertir l'ordre des jours et des nuits.

Il n'impose pas le martyre et n'encourage l'acceptation de la mort que pour la défense des intérêts généraux de la communauté, et quand cette défense paraît raisonnablement possible.

Beaucoup de ses prescriptions ont un caractère hygiénique ou social : ainsi il prohibe les boissons fermentées, la viande de porc, et n'autorise les autres viandes que quand elles sont saines et proprement abattues ; il permet la polygamie et même le concubinage, mais il les place dans des conditions telles qu'il évite à la société musulmane les enfants adultérins et les enfants naturels, problème non encore résolu dans les sociétés européennes.

Il a donné à la femme une situation qui, par plus d'un côté, paraîtrait enviable aux Européennes; et s'il admet l'esclavage, il le restreint aux idolâtres qui ont refusé de se convertir, et il leur a réglé un statut qui les met à l'abri des mauvais traitements et prévoit, dans certains cas, leur affranchissement.

Il admet, pour certaines fautes, des peines corporelles et la mutilation, ainsi la peine prévue contre certains insurgés politiques est l'amputation d'une main et d'un pied, contre les voleurs récidivistes, celle d'une main, etc.

Au criminel, il a admis le talion qui lui est antérieur, mais il a posé les principes de son rachat par estimation judiciaire, les *dommages-intérêts*.

Au point de vue successoral, il admet tous les enfants d'un même père, même s'ils sont de couleur différente, et il ménage part aux ascendants et aux collatéraux.

Dans l'ordre immobilier, il réglemente l'indivision de la propriété, mais il a eu le tort grave de ne pas prévoir de contrôle public à la transmission de la propriété privée.

Tel est, dans son ensemble, l'édifice politique et social que les Arabes musulmans ont étendu à plus de 200.000.000 d'hommes, et dont nous allons suivre, d'une façon particulière, l'extension sur l'Afrique du Nord.

XIVe LEÇON

L'AFRIQUE DU NORD ET LES BERBÈRES

Maintenant que nous connaissons l'essence et la constitution de l'Islam primitif, nous pourrons suivre son installation dans l'Afrique du Nord.

L'Afrique du Nord est, en géographie physique, un grand pays de plus de 2.000.000 de kilomètres carrés.

Elle a la forme générale d'un socle, dont les terrasses supérieures sont des steppes utilisables pour des populations nomades, et dont les talus, constitués par d'importantes chaînes de montagnes couvertes de forêts et striées de nombreux cours d'eau, s'offrent, autant que les vallées basses de la périphérie, à l'habitation des populations sédentaires.

Le système orographique présente deux gros massifs montagneux placés symétriquement, à l'Est et à l'Ouest, comme les deux ailes d'un château; celui de l'Est est le massif de l'Aurès, dont les contreforts donnent naissance à un cours d'eau considérable, la Medjerda, et celui de l'Ouest, le plus important, est le massif du Grand-Atlas, d'où sortent d'un côté la Moulouïa, et de l'autre le Sebou, l'Oum-Rebiâ, le Tensift et le Drâ.

Au point de vue de l'habitat humain, ce relief orographique fait, de l'Afrique du Nord, un système de trois grands biefs ne communiquant entre eux que par des sortes d'écluses que sont quelques vallées étroites, encastrées de chaînons montagneux.

Aussi loin que remonte l'histoire, on trouve l'Afrique du Nord habitée par des populations blanches qui ont pu arriver tant par l'Est que par le Nord, c'est-à-dire par l'Europe et l'Espagne, autant que par l'Égypte, et que diverses raisons, entre autres des particularités ethniques et linguistiques, les dolmens, pierres debout et autres monuments mégalithiques qu'elles ont construits, conduisent à considérer comme des parentes aryennes des Celtes et des Celtibères, ou tout au moins des essaimages d'origine indo-européenne.

Mieux que Carthage, Rome étendit son empire sur une bonne partie de ces populations, et obéissant aux nécessités géographiques, elle eut, à l'Est de l'Aurès, la Province d'Afrique;

dans le bief central, la Mauritanie Sitifienne qui engloba même les nomades des hauts plateaux ; et enfin, à l'Ouest, la Mauritanie Tingitane avec Tanger, Volubilis (près de Fès actuel) Chellah (Rabat actuelle) et Thamusiga (Mogador).

Tout le pays, y compris les royaumes numides vassaux de Rome, jouit alors d'une grande prospérité, et l'on sait que la Province d'Afrique seule (la Tunisie actuelle) compta alors une quinzaine de millions d'habitants.

Mais pour les Romains, les populations de l'Afrique du Nord formaient plusieurs peuples différents, diversement dénommés, et ce sont les Arabes qui, les premiers, perçurent leur unité ethnologique et linguistique, et leur appliquèrent, en bloc, le nom que se donnaient à elles-mêmes certaines d'entre elles : les *Berbères*.

XVe LEÇON

L'ISLAMISATION DES BERBÈRES

A la fin du septième siècle chrétien (Ier hég.) la situation politique et sociologique de l'Afrique du Nord était variée et confuse.

Les talus et les vallées des façades est et nord du socle nord-africain étaient garnies de populations denses, très imprégnées de civilisation romaine et de christianisme, qu'avaient profondément éprouvées les invasions des Visigoths et des Vandales et les désordres trois fois séculaires succédant à la *paix romaine*.

Vers la corne nord-est subsistait encore l'autorité des Byzantins, subissant les assauts des indigènes berbères que les Romains avaient connus sous les noms de Numides et de Gétules.

Ceux-ci peuplaient de leurs tribus, tant sédentaires que nomades, toutes les autres terrasses et les corniches montagneuses, comme les talus et les plaines ouest et sud du socle.

Ces Berbères, même ceux restés jadis en dehors des limites effectives du grand empire romain, avaient, eux aussi, été en grande partie gagnés tant par le christianisme qui brillait dans les villes de la façade nord, que par le judaïsme apporté naguère par d'autres populations juives ou judaïsantes, expulsées de la Cyrénaïque au temps des premiers empereurs romains.

Au rapport des historiens arabes, on peut admettre que les deux tiers des populations berbères étaient de religion juive ou chrétienne, et qu'un tiers au plus était encore idolâtre.

Le désordre politique était au comble, tant parmi ces populations réparties en tribus — la forme primitive des sociétés — que parmi les populations romanisées des villes, n'ayant guère d'autres chefs que leurs évêques.

C'est dans cette confusion qu'apparut la première armée musulmane, commandée par Okba bin Nafà, qui installa à Kaïrouan sa capitale (681), et presque sans s'arrêter, poussa ses conquêtes sur l'Aurès, puis Tlemcen, Tanger et jusqu'au Sous, d'où il revint par le Tafilelt et la façade sud du socle.

Partout, devant lui, les populations nord-africaines des villes et des plaines avaient, ou adhéré de bonne grâce à l'Islam, ou capitulé dans la forme légale, et acquis ainsi la situation de tributaires.

Cependant cette conquête rapide n'avait pu empêcher de nombreuses tribus de se réfugier sur les diverses corniches montagneuses, Aurès, Kabylie, Rif, Grand-Atlas, où elles s'étaient retranchées et mises à l'abri des lois du conquérant musulman.

Okba fut donc le premier gouverneur musulman de l'Afrique du Nord, pour le compte de Mâouïa, Prince-des-Croyants, résidant à Damas, le premier souverain de la dynastie des Oméïades (655-750).

XVIe LEÇON

LE MAGHREB DANS L'EMPIRE D'ISLAM

Pour ses nouveaux maîtres arabes, et dans un empire dont le centre était à Damas, l'Afrique du Nord se trouva être le pays du Couchant, l'Occident, en arabe المغرب le *Maghreb* : tel fut donc sa dénomination courante.

On y distigua même :

1° Le *Maghreb-Proche* (le plus près de l'Arabie) dont le centre était Kaïrouan ;

2° Le *Maghreb-Central*, avec Sétif et Tlemcen ;

3° Le *Maghreb-Extrême*, avec Tétouan et Anfa (Casablanca actuelle).

Chacun d'eux comprit des villes et des plaines vite islamisées, car l'Islam séduisit dès le début de nombreuses populations, tant chrétiennes que judaïsantes ; il comprit aussi des populations tributaires gardant leur religion antérieure.

Mais chacune des trois régions resta séparée de sa voisine par les montagnes peuplées de tribus demeurées indépendantes, surtout dans l'Aurès et le Grand-Atlas, et les communications des maîtres musulmans ne s'établirent que par quelques couloirs, comme les vallées de la Medjerda, à l'Est, celles des rivières (وادى) Messoun et Innaouen, à l'Ouest.

Comme ces communications étaient aussi précaires avec le centre de l'empire, par Gabès et Tripoli, les gouverneurs se sentirent très isolés à Kaïrouan, et le temps qu'ils ne passèrent pas, soit à lutter contre les montagnards indépendants, soit à envoyer des expéditions militaires contre les tributaires qui ne payaient pas l'impôt, ils l'employèrent à des intrigues contre le pouvoir central de Damas, ou à des rivalités de personnes dans le Maghreb même.

Ainsi on vit des gouverneurs successivement destitués, rappelés, puis remis en fonctions par le Khalife, et aucun n'eut le loisir d'organiser son gouvernement.

Des parties du Maghreb se détachèrent du gouverneur de Kaïrouan, pour s'administrer elles-mêmes sous des *émirs*, ou princes (امير), de leur choix; elles ne sortaient pas, ce faisant, des limites du droit politique de l'Islam, qui admet la formation d'États particuliers quand l'étendue de l'empire et la difficulté des communications isolent pratiquement, certaines régions; les émirs doivent seulement envoyer au khalife d'abord leur *acte d'hommage* (بيع) puis la dîme de leur principauté, et enfin lui fournir leurs contingents militaires en cas de guerre sainte.

Parmi les principautés qui se formèrent d'après cette base, nous voyons, en 758, un grand émirat comprenant la moitié du Maghreb-Central, et ayant sa capitale à Sidjilmassa (dans le Tafilelt actuel).

Ses émirs, qui étaient des Berbères islamisés, envoyèrent leur acte d'hommage aux khalifes de Baghdad (Abbassides), qui venaient de remplacer, à la tête de l'empire d'Islam, les Oméïades de Damas.

XVIIe LEÇON

L'EMPIRE MUSULMAN D'OCCIDENT

Un fait plus grave que la constitution de principautés autonomes, comme celle de Sidjilmassa, se produisit de 750 à 770, ce fut la scission irrémédiable de l'empire d'Islam, trop étendu, trop mal organisé pour maintenir son unité.

Pendant que la partie orientale restait groupée sous les khalifes abbassides, un descendant des Oméïades se faisait proclamer Khalife à Cordoue, et presque en même temps un descendant de la fille du Prophète, le chérif Idris, arrivait d'Arabie et se faisait proclamer dans le Maghreb-Extrême, à Oulili (Volubilis des Romains).

Son fils Idris II s'installa à Fès, mais ni lui ni ses successeurs, les khalifes idrissides, ne réussirent d'abord à étendre leur autorité à l'Est du Grand-Atlas, où l'émirat de Sidjilmassa resta fidèle aux khalifes abbassides de Baghdad.

Au siècle suivant, un nouveau pouvoir surgit dans le Maghreb-Proche ; c'était un *mehdi* (مهدي), ou *bien dirigé* (par Dieu) ; les Musulmans croient en effet que Dieu suscite ainsi un homme, quand il voit la religion méconnue pour remettre son peuple dans le bon chemin, au besoin par la force des armes.

Le mehdi Obeïd-Allah renia donc les khalifes de Baghdad, de Cordoue et de Fès, et organisa son gouvernement à *Mehdïa*, qu'il fonda non loin de Kaïrouan.

Il soumit les trois quarts du Maghreb, de Gabès à Tiaret, et fut un instant maître de Sidjilmassa, mais il ne put entamer le Maghreb-Extrême où se maintinrent les Idrissides.

Un peu plus tard, ceux-ci furent ruinés par un prince berbère de Sidjilmassa qui se déclara ensuite vassal du khalife de Cordoue (990).

Au siècle suivant (onzième) tandis que les successeurs d'Obeïd-Allah quittaient le Maghreb-Proche pour aller s'installer au Caire, un nouveau pouvoir surgissait du fond du Sahara, c'étaient les *Almoravides*.

Ils s'installaient d'abord à Merrakech, et leurs armées soumettaient Sidjilmassa, tout le Maghreb, et même l'Espagne et les Baléares.

Le terme « Almoravide » est une corruption de *El-Merabtines* (المرابطين pluriel de المرابط), — les « marabouts ».

Le premier des souverains almoravides (qui ne portèrent que le titre d'*émirs* et non celui de khalifes), était un Berbère pauvre de l'émirat de Sidjilmassa, qui avait traversé le Sahara pour aller islamiser les Berbères voilés du désert, dont il forma ensuite les armées avec lesquelles il imposa son autorité au Maghreb, puis dans tout l'empire musulman d'Occident.

XVIIIe LEÇON

LES BERBÈRES ISLAMISÉS S'ADAPTENT LA RELIGION

Il n'est pas exact de dire, selon l'idée communément reçue, que les religions forment les hommes, ce sont au contraire les hommes qui se forment des religions. Et quand une race, ou subdivision de race, accepte une religion venue d'ailleurs, elle l'adapte à son caractère particulier, fait de qualités, d'aptitudes, de goûts spéciaux.

Ainsi, l'islamisme primitif et simpliste dont nous avons vu la structure, et que les Arabes sémites apportèrent en Afrique du Nord, devait subir des complications pour s'adapter au caractère des Nord-Africains, dont la masse berbère était d'origine proto-européenne, et qui avaient été fortement imprégnés par l'esprit romain, puis par le christianisme.

Leur islamisme eut besoin de rehausser Mahomet par une sorte de culte spécial, et de même que, chrétiens, ils avaient jadis célébré Noël, ils célébrèrent le *Mouloud* (المولود) ou *Nativité* (de Mahomet) par de grandes fêtes *officielles* aussi importantes que les fêtes religieuses que nous avons déjà vues.

Puis il leur fallut un cortège d'intermédiaires avec Dieu, ou de puissances surnaturelles auxquelles on s'adresserait pour les besoins fréquents de la vie, démarches que n'admet pas le Dieu trop haut placé et impassible de Mahomet ; alors se créa un *culte des saints*.

On honora la mémoire des personnages morts en odeur de sainteté, on marqua les lieux de leur sépulture, ou ceux où ils avaient séjourné, par des monuments qui prirent leur nom précédé de *sidi* سيدي (seigneur), et qui s'échelonnent depuis le simple mur, *haouita* (حويطة dimin. de حيط mur) jusqu'aux oratoires, ou chapelles, d'architecture soignée, dites *koubba* (قبة pl. قباب).

Là 'sinstituèrent des pèlerinages spéciaux, publics, *ouâda*, *zerda*, ou *mouçem*, ou individuels, *ziara*, périodiques ou accidentels, au cours desquels on demande au saint, avec des prières spéciales, la pluie, l'éloignement des fléaux et des dangers, le soulagement des misères de chacun, maladies, stérilité des femmes, etc.

On y fait des processions, et on y met des ex-voto qui expriment la reconnaissance de ceux qui ont été exaucés.

C'est en un mot une hagiolâtrie très semblable à celle de certains Chrétiens ; il n'y manque que les statues et les images dont la prohibition expresse, faite par le Coran, n'a pas été transgressée.

Les Berbères agriculteurs ont aussi gardé le calendrier julien qu'ils avaient reçu des Romains, et qui a l'avantage de revenir toujours avec les mêmes saisons météorologiques ; en voici les noms à peine déformés.

Iennar	Iouliou.
Fourar	Ghoucht.
Mars	Setember.
Abrir	Tober.
Mayou	Nofenber.
Iouniou	Dicember.

XIXe LEÇON

LE PEUPLEMENT ARABE DU MAGHREB

L'armée musulmane d'Okba, qui avait effectué la première conquête, en 681, était très peu nombreuse, peut-être ne comptait-elle que 30 à 40.000 combattants, et les femmes et enfants qui la suivaient, à la mode arabe, ne dépassaient probablement pas 100.000 personnes.

Elle conquit le pays un peu par persuasion, et *islamisa* les Berbères, mais elle se trouva ensuite éparpillée sur de grandes étendues, et noyée au milieu des millions de Berbères dont elle avait décidé l'adhésion à l'Islam.

C'est ce qui explique que, pendant les trois siècles qui suivirent, à part les deux dynasties arabes des Idrissides, exclus du pouvoir au bout d'un siècle, et des Obeïdites (successeurs d'Obeïd-Allah), dits aussi Fatimides, vite passés en Égypte, nous n'avons plus vu, en

Maghreb, que des souverains ou des émirs berbères.

Mais vers 1060 arriva un important peuplement arabe.

Un groupe de tribus du Hedjaz, que les historiens désignent sous le nom de la plus importante d'entre elles, les Beni-Hilal, avait, au neuvième siècle, soutenu une guerre acharnée contre les émirs fatimides du Caire qui voulaient soumettre la Syrie ; et ceux-ci, vainqueurs, les avaient déportées en Haute-Égypte.

Au neuvième siècle, ces émirs, voulant se venger de la défection du gouverneur laissé par eux à Kaïrouan, lancèrent contre lui et le Maghreb toutes les tribus du clan des Beni-Hilal, qui, au nombre de 200.000 combattants, vainquirent les Berbères à Gabès, prirent Kaïrouan, et étalèrent sur le Maghreb une population arabe de 500.000 personnes, chiffre auquel on évalue le total de leurs tribus. C'est ce que les historiens appellent l'invasion hilalienne.

La tribu, *kebila* (قبيلة pl : قبائل), est la forme primitive des sociétés, tant de pasteurs plus ou moins nomades que de laboureurs plus ou moins sédentaires.

C'est la famille, fondée par un homme, agrandie à un nombre illimité de générations.

Elle est, en principe, *unigénérique*, c'est-à-dire que tous ses membres descendent d'un même père dont elle porte souvent le nom, ainsi on dit : les *Oulad*-Ali, ou les *Beni*-Ali, les fils ou enfants d'Ali.

Tous ses membres, fussent-ils des milliers, se regardent comme parents, et se disent *cousins* (en arabe بن عمي fils de mon oncle).

Tous s'aident, se secourent entre eux et suivent la même fortune, c'est en même temps une famille, une « cité » et un petit peuple.

Il va sans dire qu'en fait, chaque tribu contient des étrangers d'origine, alliés ou adoptés, mais qui ne se distinguent nullement des autres.

Chaque tribu obéit, soit à un vieillard (cheïkh) dont elle reconnaît l'expérience et l'autorité, soit aux décisions que prend l'assemblée des hommes (djemâa), soit à un agent que le prince désigne au milieu d'elle (âmel).

Tel est le peuplement arabe que nous verrons bientôt se développer, assimiler à soi la plupart des Berbères, et prendre le rôle prépondérant dans le Maghreb, au point de vue politique et social.

XXe LEÇON

LES BERBÈRES ORGANISENT L'EMPIRE

Nous avons vu la déformation considérable qu'avait imposée à la religion islamique le besoin d'organisation, même compliquée, et de hiérarchie méthodique que les Berbères tenaient de leur origine aryenne : ces mêmes goûts commandèrent aussi leurs conceptions politiques et les incitèrent à donner, à l'empire un peu chaotique créé par les Arabes, une organisation qu'il n'avait pas encore connue.

D'abord l'intrusion des Arabes hilaliens, qui arrivaient avec la pure et simple religion du Coran, suggéra un retour sur lui-même à l'islamisme berbère : de son sein se leva un *mehdi* qui, non sans commettre une hérésie en traduisant le Coran en berbère, condamna et combattit les formes hérétiques qu'avait prises la religion, et qui groupa ses adeptes sur la base de l'*unité de Dieu* (touhid) : ce furent les *Almohades*, transcription incorrecte de El-Mouhhidine (الموحدين) (les *Unitaires*).

Ce medhi ruina les derniers princes almoravides et fonda une nouvelle dynastie (1130).

Son successeur, Abd-el-Moumen (1140), fut le plus grand souverain que l'empire maghrebin ait encore vu.

Il reprit le titre de *Prince-des-Croyants* qu'avaient porté les princes almoravides, et soumit à son autorité le Maghreb tout entier, faisant rentrer dans le rôle de vassaux les princes de Sidjilmassa, expulsant les émirs hammadites d'El-Kala (près Setif), qui, depuis près de deux siècles, s'étaient taillé une principauté indépendante, chassant enfin de Tunis les Normands de Sicile, et poussant jusqu'à Tripoli, et jusqu'en Espagne.

Dans toutes les villes et toutes les tribus, il nomma des âmel (عامل), *agents* ou gouverneurs, plaça auprès d'eux des *comptables* (amine امين) qui établirent un *cadastre*, un répertoire de toutes les propriétés publiques et privées, avec les noms de leurs détenteurs et le *quantum* d'impôt dû, que ces *oumana* (pl. de امين) eurent charge de faire rentrer au Trésor public, ou *Bit-el-Mal* (بيت المال).

Cette organisation s'étendit non seulement sur les citoyens musulmans, mais même sur les tributaires juifs et chrétiens, dont les propriétés furent également recensées, et l'impôt fixé et perçu régulièrement par les soins du *doyen* (شيخ, vieux) de chaque collectivité.

Abd-el-Moumen, pour mieux consolider son autorité, bouleversa aussi un grand nombre de tribus, transplantant des fractions des tribus hilaliennes sur tous les points de l'empire jusqu'à l'Atlantique, amalgamant, dans toutes les régions, les groupements berbères et arabes : ce fut un fait social de très grande portée, dont nous verrons les suites.

XXIe LEÇON

ÉMIRS BERBÈRES ET KHALIFES ARABES

L'unité politique du Maghreb, rétablie et organisée par les souverains berbères de la dynastie almohade, ne manquait pas de force cohésive, ni de chances de durée — du moins au point de vue sociologique.

En effet elle couronnait d'une part l'unité ethnologique des Berbères, provenant sinon d'une origine unique, du moins de leur installation déjà deux fois millénaire en Maghreb, et d'autre part leur unité religieuse, jadis ébauchée, d'abord par le judaïsme, puis par le christianisme, et en dernier lieu réalisée par l'islamisme qu'ils s'étaient modelé à la mesure de leur caractère national.

Ayant ainsi achevé sa croissance et marqué sa personnalité ethnique, religieuse et politique, la race berbère parut sur le point de quitter la forme primitive des sociétés en tribus pour devenir un véritable grand peuple.

Mais la masse berbère vit influencer son évolution naturelle par l'action de l'élément arabe qu'elle avait absorbé, et qui agit sur elle d'abord comme un initiateur religieux et social, puis comme un ferment qui allait modifier ses qualités originelles pour lui imprimer, au moins en partie, son propre caractère sémitique, particulariste, simpliste, et inapte à toute progression méthodique vers un état social supérieur.

L'unité de l'empire maghrebin fut rompue, et cette fois irrémédiablement, dès le début du treizième siècle.

Deux Princes-des-Croyants furent proclamés en même temps, l'un à Fès, l'autre en Espagne, puis en face de ces deux Almohades, un descendant des émirs almoravides commanda depuis Tripoli jusqu'à Sidjilmassa, et enfin un chef militaire installé à Tunis, comme gouverneur pour l'émir almohade de Fès, se servit de son origine arabe pour rétablir le khalifat disparu depuis les Idrissides.

Ces nouveaux khalifes, dits *hafsides* du nom d'Abou-Hafs, fondateur de la dynastie, résidèrent à Tunis, d'où ils commandèrent le Maghreb-Proche et les trois quarts du Maghreb-Central : ils acquirent un grand renom de ce qu'ils soutinrent la lutte contre les Chrétiens d'Europe,

Aragonais, Gênois et Français de saint Louis.

Les émirs berbères passèrent au deuxième plan de la scène politique, surtout quand les émirs almohades eurent été remplacés, en Maghreb-Extrême, par la dynastie mérinide.

XXIIe LEÇON

LA SUPRÉMATIE DES ARABES

L'élan et l'ardeur de la petite armée musulmane d'Okba avaient obtenu l'adhésion à l'Islam des populations berbères, autant par la persuasion que par des opérations de guerre rapides et poussées à fond, qui avaient valu un grand prestige aux guerriers arabes dont se composait principalement cette armée.

Ce prestige du nom arabe, un peu obscurci jusqu'au onzième siècle, se trouva rétabli par l'arrivée des Hilaliens provoquant, chez les Berbères, un retour à l'orthodoxie islamique, ainsi que la période de prospérité politique dont jouit l'empire sous les émirs almohades.

A la décadence de ceux-ci, c'est la force du ferment arabe et la conception politique traditionnelle qu'il représentait qui firent le succès des khalifes hafsides de Tunis, en même temps que le Maghreb-Extrême se rangeait sous l'autorité des émirs mérinides (Beni-Merine), Berbères fortement mélangés d'Arabes.

Ces derniers, installés à Fès, se rendaient un instant maîtres de l'émirat de Grenade et de celui de Tlemcen, puis se voyaient, par un autre émir de Tlemcen, chassés de Fès à Merrakech, et ils finissaient, avec le quatorzième siècle, dans l'impuissance et l'anarchie.

C'est alors que les Portugais s'emparèrent de Ceuta et de toute la côte atlantique, devenaient maîtres de toutes les plaines et imposaient un tribut à la ville de Merrakech même.

Et comme ces conquêtes portugaises furent bientôt suivies de la mainmise des Espagnols sur une partie des côtes méditerranéennes, d'Oran à Tlemcen, à Alger, à Tunis, à Sousse et jusqu'à Djerba, la communauté musulmane se vit en danger, et la peur des conquérants chrétiens amena un accès de fanatisme religieux; partout dans l'intérieur, les tributaires chrétiens, jusqu'alors tranquilles, nombreux et prospères, furent persécutés, pillés, chassés ou forcés à s'islamiser; partout la guerre sainte fut proclamée et un véritable mouvement national se prononça pour la défense de l'Islam.

Or, sans doute sous l'influence de l'exemple que donnaient, dans la lutte nationale, les khalifes arabes de Tunis, quand, dans l'Ouest, on chercha un chef pour conduire la guerre contre les Portugais, tous, Berbères comme Arabes, se groupèrent derrière un *chérif* dont l'aïeul était naguère venu d'Arabie, et s'était installé dans le Sous.

Ainsi surgit la dynastie arabe des *Chorfa saadiens*, qui mena vigoureusement la guerre, et réussit à la longue à rejeter les Portugais à la mer et à libérer le Maghreb-Extrême.

Ces souverains, auxquels leur descendance du Prophète, comme leurs succès contre l'étranger, permirent de relever dans l'Ouest le titre de khalife, restèrent les chefs incontestés de l'empire musulman d'Occident, quand le dernier prince hafside eut été emmené par les Turcs en captivité à Constantinople, et remplacé, à Tunis, par un gouverneur ottoman (1574).

C'est ainsi que le prestige qu'avait valu aux Arabes le rôle d'initiateurs religieux conduisit, au jour où la religion fut menacée, à leur suprématie politique, laquelle devait à son tour entraîner leur prédominance sociale.

XXIIIe LEÇON

L'ARABISATION DES BERBÈRES

Le plus fort des liens qui puissent rapprocher les familles, ou tribus, entre elles, puis les souder les unes aux autres pour en former un grand peuple, c'est la communauté de langue ; la langue est un instrument de nationalisation plus efficace même que l'unité d'origine et que la communauté d'intérêts.

C'est ce qu'avait compris Mahomet quand il précisa que le Coran ne pourrait être licitement traduit de l'arabe à aucune autre langue, et que la prière islamique serait prononcée en arabe obligatoirement.

En plus de ce privilège religieux, la langue arabe eut la chance de ne trouver, chez les Berbères de l'Afrique du Nord, qu'une langue moins cultivée qu'elle ne l'était elle-même, presque totalement dépourvue de littérature écrite, ne possédant qu'un graphisme primitif et peu répandu, et enfin employée par des peuplades isolées et ignorantes, dont les différents dialectes étaient profondément dissemblables.

Encore la conquête d'Okba n'aurait-elle pas suffi à assurer la prédominance courante de la langue arabe, car celle-ci avait commencé ici par n'être utilisée que comme langue religieuse, et même le mouvement almohade, avec sa traduction du Coran en berbère, avait essayé de lui enlever ce rôle réduit, mais l'invasion hilalienne lui apporta l'élément national qui, s'en servant lui-même, allait imposer son usage aux Berbères.

D'autre part, ceux-ci n'avaient pas cessé, malgré quatre siècles de vie politique propre, de ressentir profondément le prestige de leurs initiateurs religieux, et comme l'Islam prêchait le rapprochement de ses fidèles et l'effacement de leur diversité d'origine, les deux races s'étaient pénétrées et mélangées, tant par l'établissement de familles arabes dans les tribus berbères que par les mariages mixtes, très nombreux, et le bon ton qui incitait les produits de ces unions à se réclamer de leur sang arabe et bientôt à se prétendre même de vrais Arabes.

Il résulta à la longue de ces mélanges que les populations nord-africaines prirent presque partout un faciès arabe, et avec la langue arabe, une mentalité arabe, fortement marquée toutefois par les qualités originelles berbères: ainsi se formèrent les Arabo-Berbères.

Aussi, au seizième siècle où nous en sommes arrivés, à part quelques îlots berbères qui s'étaient maintenus purs dans l'isolement de certains massifs montagneux, le peuple nord-africain dans son ensemble s'était-il formé une *nationalité* comparable à celle formée, en France, par les Gallo-Latins, les Normands et les Francs, fondus ensemble pour devenir des Français : ce fut ici un peuple fait d'Arabes et de Berbères, une masse physiologiquement mixte d'Arabo-Berbères ; ses institutions politiques et sociales étant basées sur la loi islamique, c'était un *peuple musulman*.

XXIVe LEÇON

LES CASTES SOCIALES : 1° LES CHÉRIFS, OU CHORFA

Au seizième siècle, la société musulmane a déjà acquis, en Maghreb, ses formes définitives, dans le cadre desquelles nous la verrons évoluer jusqu'à nos jours.

Ces formes ont été influencées, tant par les caractères spéciaux des deux races, berbère et arabe, dont se compose cette société, que par le pays où elle est établie.

Nous la voyons sensiblement différente de ce qu'elle aurait dû être d'après les conceptions premières de Mahomet; en effet tandis que celui-ci avait entendu fonder une société de forme démocratique et égalitaire, nous trouvons ici une monarchie héréditaire, avec une société à castes nettement tranchées, qui sont, du haut en bas de l'échelle sociale :

1° Les chérifs, ou *chorfa* (شريف, noble, pluriel irrégulier شرفاء) ;

2° Les *marabouts* (المرابطين) ;

3° Les gens du peuple, ou *âouam* (عوام) ;

4° Les affranchis, ou *haratine* (حراتين) ;

5° Les esclaves (عبيد).

Toutes ces cinq castes sont formées de *citoyens musulmans*, en ce sens que tous sont soumis à la loi islamique, qui leur confère en même temps certains droits et prérogatives, un *statut*.

En plus et en dehors d'eux, hors de la cité musulmane, on trouve encore les *tributaires* (اهل الذمة) *gens de la dette*, du tribut, au singulier ذمّي *dimmi*.

Est *chérif* tout descendant de Fatima-Zohra, fille du Prophète, mariée à Ali, le quatrième khalife.

Cette qualité s'établit par des généalogies dressées par des notaires (عدول sing. عدل).

La qualité de chérif se transmet d'un père à ses fils et à ses filles, mais si celles-ci ont ensuite des enfants d'un homme non chérif, ces enfants n'appartiennent qu'à la caste de leur père.

La qualité de chérif donne droit au titre de *moula* (مولى) avant le nom propre, ou à celui de *sidi* (سيدي) quand ce nom est Mohammed (c'est *moula*, maître, qui devient avec l'affixe de possession *moulaï*, mon maître).

Elle procure une grande considération et l'exemption des impôts et des corvées.

Les chérifs du Maghreb se rattachent à trois grandes branches, savoir :

1° Les *Idrissides*, ou descendants d'Idris;

2° Les *Saâdiens*, ou *Zidanides* (de Zidane);

3° Les *Alouyites*, descendants de Moulaï-Ali.

Ils habitent des localités spéciales, ou des quartiers particuliers dans les villes; ces localités et ces quartiers portent le nom de *zaouïa* (زاوية), et dans chaque zaouïa le souverain investit un chef, qui a le titre de *nekib* (نقيب).

XXVe LEÇON

LES CASTES SOCIALES : 2° LES MARABOUTS

Les marabouts (el-merabtine) avaient été, dès que l'empire d'Islam eut cessé de s'agrandir et eut au contraire à défendre ses frontières contre les Infidèles, des gens qui s'établissaient dans des forts situés sur ces frontières, et se vouaient à la défense de l'empire, — des sortes de chevaliers de Malte moins le célibat.

Ces forts se nommaient, en arabe, *ribat* (رباط) d'où *merabtine*, *gens des ribat* (de là vient le nom de la ville de Rabat (رباط).

Ce sont ces marabouts des forts du sud du Sahara qui fournirent les armées almoravides, et après la disparition des émirs de cette dynastie, le nom de « marabout » était resté dans le Maghreb, pour désigner des gens vivant à l'écart des tribus, se vouant à la piété, et servant de noyau aux contingents qui se rassemblaient pour soutenir la lutte contre les Portugais et les Espagnols.

Les marabouts acquirent ainsi une estime particulière, marquée, sinon par le titre de *moula* réservé aux chorfa, du moins par celui de *sid*, seigneur, et peu à peu ils devinrent une caste sociale ayant ses généalogies notariées, jouissant d'une grande influence et d'un prestige presque égal à celui des chorfa.

Ils formèrent, au-dessous et concurremment à ceux-ci, une seconde noblesse que les souverains exemptèrent d'impôts, et même investirent de privilèges particuliers.

Les marabouts habitèrent, comme les chorfa, des villages ou des quartiers de ville particuliers, dénommés *zaouïas* (زاوية).

Il y eut donc des zaouïas de chorfa et des zaouïas de marabouts, et dans les unes comme dans les autres, il y eut un chef investi par le prince, et dénommé nekib, ou préposé, chez les chorfa, et *cheïkh* (شيخ), ou doyen, chez les marabouts.

Ce qui donne une idée de l'importance sociale de la caste maraboutique, c'est que ce fut dans une zaouïa du Grand-Atlas que des marabouts préparèrent la révolution qui aboutit à l'avènement de la dynastie almohade.

Les khalifes saâdiens, qui ont supplanté celle-là, ont gardé de grands égards pour la caste des marabouts, dont les zaouïas sont, au seizième siècle, presque toutes exemptées d'impôts comme les chorfa eux-mêmes, par des édits chérifiens, ou *dahir* (ظهير).

Beaucoup de zaouïas sont les suzeraines de tribus de roture sur lesquelles elles perçoivent l'impôt coranique, qu'elles transmettent ensuite, plus ou moins fidèlement, au Trésor public, ou *Bit-el-Mal* (بيت المال).

Elles sont presque toutes « lieux d'asile » (حرم), c'est-à-dire qu'elles mettent ceux qui s'y réfugient, même les malfaiteurs, à l'abri de toute poursuite.

XXVIe LEÇON

LES CASTES SOCIALES : 3° LES AOUAM, OU GENS DU PEUPLE

En dessous des deux noblesses des chorfa et des marabouts, la société musulmane comprend une caste roturière qui est désignée sous le nom de *âouam*.

En arabe, عوام est un pluriel incorporé de عام, adjectif signifiant *total*, *universel*, *général*, *commun;* au singulier, on dit *âami* (عامي), un *homme du commun*.

Les *âouam* comprennent tous les Musulmans non chorfa, non marabouts, et de condition *libre ;* d'ailleurs on les dénomme parfois les hommes *libres*, *harar* (حرار pluriel du singulier حر).

Le titre de *libres* est l'expression juridique courante : ainsi c'est la première qualité imposée à l'individu pour certaines fonctions publiques, par exemple celle d'*imam*, en arabe إمام, *celui qui se tient devant*, qui préside l'assemblée des fidèles dans les prières publiques.

Il est bien entendu que, pas plus que les chorfa ni les marabouts, les *âouam*, ou *harar*, ne sont nullement arabes plutôt que berbères : les mariages mixtes, de pratique courante et journalière, ont mélangé, dans les trois castes, les individus des deux sexes de l'une et l'autre race.

Il y a même, dans beaucoup de familles, des métis provenant d'épouses ou de concubines de race noire, mais la société musulmane fait abstraction totale de la question, d'ordre physiologique, des races ou couleurs : on est *musulman* de *nationalité* et c'est tout.

Les *âouam* citadins se groupent par petites familles et sont assez individualisés, mais les gens des campagnes se groupent par *tribus* (قبيلة), qui sont comme de grandes familles, nous l'avons déjà vu, dans chacune desquelles l'autorité du prince est représentée par un âmel.

Les campagnards sont souvent dénommés *bedou*, بدو ou بدوة, d'où nous avons fait *bédouins ;* dans le Maroc occidental, on les dénomme les *âroubia*, pluriel irrégulier du singulier *âroubi* (عربي) arabe.

« Bédouins » et « Aroubia » sont synonymes

de « rustres », grossiers ; ce sont des appellations malveillantes en usage dans les villes.

Les citadins, ou bourgeois, sont les *hadar* حضر, singulier : حضري, on dit aussi *madani* (مدَني) de مدينة qui est devenu synonyme de poli, bien élevé.

XXVIIe LEÇON

LES CASTES SOCIALES : 4° LES HARATINES, OU AFFRANCHIS

En droit, l'affranchissement d'un esclave confère à celui-ci la qualité de *harr* (libre) sans restriction et dans toute son étendue, mais en fait l'individu affranchi reçoit le titre de *harrtani* (*libre-aussi*, en mot à mot : *libre-second*), et sa situation n'est pas aussi complètement indépendante que celle du *harr*.

Il se passe, en effet, dans la société musulmane, ce qui se passa dans la société romaine qui eut aussi ses affranchis : l'individu affranchi n'acquiert pas instantanément le même prestige dans la cité que le citoyen libre originairement, il est pauvre, sans relations et sans influence, et il reste obligatoirement, tant au point de vue moral qu'au point de vue matériel, le pupille, le « client » du citoyen riche qui l'avait auparavant en sa propriété, et qui maintenant l'aide de sa fortune et lui prête la sauvegarde de son autorité personnelle, à charge pour lui, affranchi, de fournir à ce *patron* le secours de son travail rétribué, comme l'aide de son bras en toute circonstance.

C'est ce titre de *harr-tani*, devenu un seul vocable par l'usage courant, qui a fourni le pluriel *haratine* (حرتاني pl. irrégulier حراتين).

Ce terme *haratine* sert toujours à désigner les affranchis en général, mais au singulier, au lieu de *hartani*, on dit souvent *âtig* (عتيق)par exemple : Ali, âtig de Moussa.

Atig, comme *hartani*, ont pris un sens de parenté, impliquant un lien comparable au terme de *fils adoptif* (ربيب), ou à celui de cousin par alliance (نسيب).

Ce qui vient d'être dit explique que les haratines ne forment pas de groupements particuliers, comparables aux zaouïas des chorfa et des marabouts, ou aux kabilas des gens du peuple, mais se trouvent toujours répartis en plus ou moins grand nombre dans les zaouïas comme dans les tribus, chacun de ces affranchis se tenant toujours rattaché à un autre individu de condition ou noble ou libre.

Les haratine ne forment un élément social de quelque importance, sinon par la richesse et l'influence, du moins par le nombre, que dans les tribus et les zaouïas des régions méridionales ; dans le Haouz, le Sous et toutes les oasis sahariennes jusqu'au désert tripolitain ; dans le Nord, ils ne sont que de rares individus qui se fondent vite parmi les âouam, et perdent vite leur dénomination particulière.

Dans le Sud, quand ils sont nombreux, ils se marient entre eux, et leurs enfants gardent le même titre comme la même situation inférieure dans la société.

XXVIIIe LEÇON

LES CASTES SOCIALES : 5° LES ESCLAVES

Nous avons vu que la guerre, djihad ou ghezou, dirigée contre les Idolâtres qui se refusent à embrasser l'Islam, ne laisse à ceux-ci d'autre alternative que la mort ou la captivité, et dans ce dernier cas, la répartition et la mise en vente de leurs personnes, comme butin de guerre : tel est le principe légal de l'esclavage chez les Musulmans.

Pour l'Islam nord-africain, ce principe est mis en pratique, en ce seizième siècle que nous envisageons, dans trois directions différentes :

1° A l'intérieur, contre les peuplades berbères qui avaient réussi à se maintenir indépendantes dans certains massifs montagneux ;

2° Contre les populations noires du Soudan, dont l'Islam était limitrophe vers les bassins du Sénégal et du Niger.

3° Même contre les Chrétiens d'Europe que les marins musulmans pouvaient aborder et combattre les armes à la main, sans leur offrir de capitulation, soit en mer, soit même sur les côtes européennes, au moyen d'une guerre de course, que nous dénommons, en Europe, la piraterie.

Par une plus grande extension du principe, on se procura des captifs, surtout des captives, par rapt, dans les collectivités tributaires qui se maintenaient dans l'empire.

L'équivalent du mot *esclave* n'existe d'ailleurs pas en arabe, on dit un *âbd* (عبد) *serviteur* (de عبد *servir humblement*), et le terme n'est pas infamant, car tous se qualifient *serviteurs* de Dieu عبد الله, et un homme dit souvent à quelqu'un de puissant : « je suis ton serviteur » انا عبدك.

Pour préciser la qualité d'*esclave*, on dit عبد مملوك *âbed memlouk*, serviteur possédé (d'où *mameluk*).

Tout Musulman, prince ou particulier, peut acquérir, posséder et vendre des esclaves, mais aucun n'a le droit d'exercer quelque sévice sur ceux-ci, sous crainte de se voir exproprié par autorité du juge (قاضي cadi).

Aucun Musulman ne peut être légalement réduit en esclavage, mais il ne suffit pas à un esclave de se faire musulman pour acquérir sa liberté *ipso facto*.

Les affranchissements d'esclaves musulmans sont recommandés par la loi et très fréquents, mais il n'est pas nécessaire à un esclave d'être affranchi, pour améliorer sa situation par une liberté presque complète : certains sont artisans ou tiennent un commerce, et ils se fondent une famille ; cependant eux et leurs enfants sont toujours *possédés* jusqu'à l'affranchissement.

Plus favorisés que les tributaires que nous verrons ensuite, les esclaves ne portent aucune marque extérieure de leur condition.

Beaucoup de femmes esclaves, tant noires que blanches, servent à leur maître, mais dans ce cas, dès qu'elles ont de lui un enfant, cet enfant est « légitime », au même titre que les autres enfants du maître : il est *harr*, ou marabout, ou chérif comme eux, selon ce qu'est leur commun père, et il est successible comme ses frères et sœurs consanguins.

Quant à la mère elle prend le titre d'*oum-el-ould* (ام الولد *mère de l'enfant*), a droit à un logement particulier et presque à tous les avantages de l'épouse légitime, hormis la successibilité.

XXIXe LEÇON

LES DIMMIS, OU TRIBUTAIRES

Au seizième siècle où nous sommes parvenus, la guerre portée en Maghreb par les Portugais et les Espagnols a, comme il a été dit déjà, provoqué une ardeur fanatique qui a fait persécuter et détruire les nombreuses et importantes collectivités chrétiennes restées prospères, au milieu des Musulmans, pendant les siècles précédents.

Il n'y reste donc plus, de la catégorie sociale des tributaires, que des collectivités juives.

Les tributaires habitent, dans chaque ville, des quartiers spéciaux, dénommés *mellah*, dans lesquels ils doivent être rentrés au coucher du soleil, et dont ils ne peuvent sortir, dans le jour, que vêtus d'une certaine façon qui empêche de les confondre avec les Musulmans :

coiffure noire, pas d'armes ni de manteaux dits *burnous* ou *selham*, etc.

Le tributaire, ou *dimmi* (دمي) n'a pas le droit de monter à cheval et ne doit se servir que de mulets ou d'ânes.

Quoique les mellahs soient toujours isolés et fermés, c'est là que se porte le fanatisme, et le besoin de pillage, de la populace musulmane, aux jours d'émeute.

En dehors des fréquentes contributions arbitraires, qui sont exigées d'eux, les tributaires sont soumis à deux impôts spéciaux : 1° la *djazia* (جزية, rançon) qui est de tant par tête, exigible tant des hommes que des femmes et des enfants ; 2° le *kharadj* (خراج, extorsion) qui doit être au moins double de la dîme (زكاة) et qui est un impôt foncier.

Encore que ces conditions soient onéreuses, la loi recommande aux percepteurs de traiter avec mépris les tributaires : cela se traduit par de fréquents rapts de filles et de femmes, et par des injures de toute nature, en toute occasion.

Moyennant tous ces ennuis, les tributaires sont laissés libres de pratiquer leur religion pourvu que ce soit dans l'intérieur de leurs demeures, ils conservent leur statut personnel propre, et leurs affaires criminelles ou civiles sont jugées d'après leur loi, par un des leurs — quand aucun Musulman n'est mêlé au différend.

Le mot *dimmi* (pl. دميين) est le relatif de دمة dette ou tribut ; on dit aussi les Ahl-ed-dimma (اهل الدمة), les *gens de la dette.*

Ils s'occupent généralement de commerce, et rien ne s'oppose à ce que certains d'entre eux soient employés dans les services administratifs ou financiers de l'État musulman.

Cependant la situation des tributaires est toujours très précaire ; ils sont tolérés, mais méprisés et mal traités : ce sont, non des citoyens, comme les cinq castes déjà vues, mais simplement des *sujets.*

Le traitement injurieux qui leur est infligé a pour but de leur rappeler que leur situation n'est que transitoire et doit, pour leur propre bien, prendre fin par leur conversion à l'Islam.

XXXe LEÇON

LES KHALIFES DE LA DYNASTIE ACTUELLE

La dynastie saâdienne, qui présida à la formation définitive de la société musulmane du Maghreb, fournit plusieurs princes remarquables, dont Ahmed-Dehbi, obéi de Tanger à Tombouctou, puis elle s'éteignit avec le seizième siècle, dans les compétitions de plusieurs princes incapables, combattus par de nombreux marabouts, chefs de zaouïas riches et puissantes.

Parmi celles-ci se trouva une zaouïa de chorfa, voisine de Sidjilmassa, et dont le chef, Moulaï-Cherif, groupa sous son autorité les populations du Tafilelt.

Son fils, Moulaï-Mhammed, élargit son domaine vers le Drâ et le Sous, puis vers le Maghreb-Central jusqu'à Laghouat.

Il fut combattu et tué par son propre frère,

Moulaï-Rechid, qui reçut à Sidjilmassa un ambassadeur de la ville de Marseille, désireuse — notons ce détail — de négocier un traité de commerce (1666), et il finit par transporter sa capitale à Fès (1668).

Ainsi s'installa la dynastie actuelle, dite *Alouyite* (descendant d'Ali, l'ancêtre venu de Yenbô, en Arabie), ou *filalienne* (du Tafilelt). Elle présenta presque aussitôt un grand souverain, Moulaï-Ismaïl, celui-là même qui, un jour, envoyait demander à Louis XIV la main d'une princesse française.

Ismaïl, qui régna pendant cinquante ans (1678-1727), exerça sur son peuple une action politique et sociale très profonde : il réorganisa l'empire, y introduisit un ordre remarquable, et exécuta des transplantations de tribus qui augmentèrent encore l'amalgame des populations arabes et berbères.

Pour assurer à son autorité souveraine la prédominance sur les zaouïas nombreuses dont la puissance lui résistait, il se constitua une armée de plusieurs milliers d'esclaves, la plupart noirs, les *Abid-El-Bokhari*, ou *Bouakher*, qui ont joué longtemps, en Maghreb, un rôle analogue à celui des janissaires dans l'empire musulman d'Orient.

De plus il exonéra d'impôt et de toute charge plusieurs tribus qu'il affecta spécialement au service militaire, les *tribus guich* (قبايل الجيش).

Son grand règne fut assez bien continué par ses successeurs, Abdallah, Mohammed ben Abdallah, et surtout par Moulaï-Slimane qui régna au début du dix-neuvième siècle.

Cependant aucun de ces souverains n'est parvenu à rétablir dans toute son étendue l'unité de l'empire maghrebin, qu'avait réalisée pour la dernière fois l'Almohade Abd-el-Moumen, car l'empire musulman d'Orient, dit communément l'empire ottoman, avait pris pied, depuis le commencement du quinzième siècle, dans la partie orientale de l'Afrique du Nord, ainsi que nous le verrons un peu plus loin.

Les souverains de la dynastie filalienne sont *khalifes*, ceci étant moins un titre usuel qu'une qualité qui leur est expressément reconnue par les *actes d'hommage* (بيع) adressés, par chaque zaouïa ou tribu, à chaque souverain dès son avènement, c'est-à-dire, selon l'expression arabe : *dès qu'il met à son cou le collier du khalifat* (قلادةالخلافة).

XXXIe LEÇON

LE GOUVERNEMENT CHÉRIFIEN

Les khalifes de la dynastie filalienne étant chérifs, on dit aussi *dynastie chérifienne*.

Le titre couramment donné au souverain, dans les écrits, est *Emir-el-moumenine* (اميرالمومنين), *Prince-des-Croyants*, et de vive voix, *sidna* (سيدنا), *notre seigneur ;* quant au souverain lui-même, il ne s'attribue, dans les écrits de sa chancellerie, aucun titre autre que le *serviteur de Dieu* (عبد الله), ou *la personne noble* (الحضرة الشريفة) ; cette modestie, comme celle qui conduit le prince à ne porter aucun ornement ou vêtement spécial, sont conformes à la tradition prophétique (hadit).

Précisons que le terme « sultan », dont on se sert en Europe, n'est nullement protocolaire dans aucune cour musulmane, d'autant qu'il vient du verbe سلط (s'ériger en maître, en tyran) qui a une valeur linguistique plutôt péjorative.

Selon la tradition, l'hérédité souveraine n'a pas de règle fixe, c'est le souverain, malade ou mourant, qui désigne son successeur, et les oûlama ratifient et proclament le nom du nouveau prince ; celui-ci doit satisfaire à plusieurs conditions précisées par la législation malékite, et dont l'une est d'être originaire de la tribu des Koreïch, à laquelle appartenait le Prophète.

Le gouvernement chérifien (الدولة الشريفة) dont l'intermédiaire avec le souverain est le *hadjeb* (حاجب), ou chambellan, comprend plusieurs *secrétaires d'État*, rédacteurs et expéditeurs des décisions du souverain, et dont le premier porte le titre de *grand-vizir* (الوزير الكبير), les autres sont :

2° L'*ouzir el-bahar* (وزير البحر) ou *vizir de la mer*, qui s'occupe des relations avec les nations chrétiennes d'outre-mer ;

3° L'*amine-el-oumana* (امين الامنا) ou *comptable des comptables*, ou surintendant des finances ;

4° L'*âllaf* (علاف), ou *nourrisseur*, ou intendant militaire ;

5° L'*ouzir ech-chekaïa* (وزير الشكاية) *vizir des réclamations*.

Ces grands fonctionnaires ont chacun leur bureau, ou *benika* (بنيكة), dans le palais, ou *me-*

chouar, lequel est pourvu d'un commandant militaire, *caïd-el-mechouar*, et de *mechouria*, ou gardes palatins.

Comme, aux heures d'audience, les solliciteurs sont reçus, tant par les secrétaires d'État au seuil de leur *benika* respective, que par le prince au seuil de son appartement personnel, comme les hommages du peuple sont reçus, à l'avènement et aux fêtes religieuses, à la porte du palais, le terme usuel, pour désigner le siège du gouvernement, est le *Seuil noble* (العتاب الشريف).

Et comme, au cours de ses fréquentes expéditions, le prince reçoit à cheval, entouré de ses vizirs, l'expression protocolaire pour désigner le gouvernement est l'*étrier noble* (الركاب الشريف).

Le gouvernement chérifien est encore souvent désigné par la dénomination de *makhzen;* c'est là un terme impropre, signifiant originairement *magasin* ou boutique, et dont l'emploi, dans ce sens imprévu, a pris son origine, comme celui du terme « sultan », dans les relations des Musulmans avec les Européens non familiarisés avec les choses d'Islam.

XXXIIe LEÇON

L'ÉTAT POLITIQUE : L'ADMINISTRATION ; L'ARMÉE

L'état politique que nous étudions ressemble d'abord à ce que nous appelons une monarchie absolue, ou *autocratie*, parce que le gouvernement chérifien n'agit que sous l'initiative propre du prince, et n'est responsable devant aucune représentation de la nation.

Cependant ce prince n'est rien moins qu'un autocrate, car au-dessus de ses volontés, et leur servant de cadre limitatif absolu, il y a la loi de l'Islam, dont il est le premier serviteur.

Et s'il n'y a dans ce pays aucun parlement ni corps élu, il y a cependant une autorité, indépendante du prince et de son gouvernement, qui apprécie les actes du pouvoir, veille à ce qu'ils ne soient pas en contradiction avec la législation islamique, et ne se fait pas faute de les censurer à l'occasion : ce sont les *oûlama*, ou docteurs de la Loi; ils remplissent la fonction du Conseil d'État en France.

Ainsi un souverain ayant, au seizième siècle, prescrit d'assujettir à l'impôt les eaux d'irrigation dans les régions palmicoles, les oûlama rendirent une *fetoua* déclarant cette mesure illégale et la firent rapporter.

L'organisation administrative comporte, dans chaque groupement noble ou roturier, des représentants du prince qui, ainsi que nous l'avons vu, portent dans les zaouïas de chorfa le titre de *nekib*, dans les zaouïas de marabouts le titre de *cheïkh*, dans les tribus roturières, celui d'*âmel*, et dans les groupes de tributaires encore celui de *cheïkh*, ou d'*amine*.

Ce sont ces agents qui sont les exécuteurs locaux des édits du prince, les *administrateurs* exerçant la juridiction répressive, et les collecteurs de l'impôt qu'ils font parvenir au Trésor public, ou Bit-el-Mal.

L'organisation militaire comprend :

1° Les troupes formées par des Abid-El-Bokhari, qui fournissent des soldats de métier (عسكر) en service permanent, et commandés par des chefs militaires appelés *caïds* (قايد) ;

2° Les contingents fournis en permanence par les tribus militaires, ou *tribus du guich*, et se renouvelant par des relèves régulières... plus ou moins ;

3° Des contingents appelés occasionnellement dans les tribus roturières, selon les besoins des expéditions, et qui sont licenciés quand le but pour lequel on les appelle est atteint ; ces contingents, dits en arabe *naïba*, (نايبة), au pluriel *nouaïb* (نوايب), arrivent à l'armée chérifienne sous la conduite et le commandement de l'âmel de la tribu lui-même ; et celui-ci, dans cette occasion, prend le titre militaire de caïd.

Ce dernier titre, plus en vue que celui d'âmel, est le plus communément connu des Européens.

Comme les Ottomans ont réalisé un établissement considérable dans l'Est du Maghreb, ainsi que nous le verrons bientôt, l'État chérifien emploie, dès le dix-septième siècle, quelques-uns de leurs titres de fonctions administratives ou militaires : ainsi les *âmel* des villes importantes sont souvent appelés *bacha*, et le chef supérieur d'une troupe militaire où se trouvent plusieurs caïds a le titre turc d'*agha*, tandis que le directeur politique de l'expédition est le *kebir el-mehalla* (كبير المحلة).

XXXIIIe LEÇON

LES FINANCES; LA JUSTICE

La législation musulmane a établi un système monétaire *bimétalliste;* l'étalon d'or est déterminé par le poids de 72 grains d'orge de grosseur moyenne, et il porte le nom de *dinar;* il est frappé pendant les quinzième, seizième, dix-septième et dix-huitième siècles, tant à Merrakech qu'à Fès et à Tétouan, avec la poudre d'or que les caravanes apportent du Soudan en abondance.

Quant à l'étalon d'argent, il est fixé par le poids de 50 et 2/5 grains d'orge, et il porte le nom de *dirhem;* on le dénomme couramment *oukïa* (وقية), mot qui signifie proprement *once.*

Il existe aussi des pièces de cuivre dénommées *flès* ou *flous*, qui servent de monnaie d'appoint.

Le secrétaire d'État aux finances, (ou امين الامنة),

a tout un personnel de comptables, ou *amine* (امين), répartis non seulement dans la capitale, mais dans toutes les villes, où ils perçoivent les revenus autres que l'impôt coranique, qui sont les produits ou loyers des immeubles de l'État, très étendus et dont il est tenu un répertoire, ainsi que les droits de porte, perçus à l'entrée des villes.

Ces comptables sont dits *amine-el-mostafad*, (امين المستفاد) ou *comptables des revenus.*

A la même administration d'État appartient aussi un personnel de douane, dit *amine-el-mersa* (امين المرسى) ou comptables du port.

En effet, on a établi une douane dans chaque port ouvert aux commerçants européens, et en assimilant les opérations commerciales aux produits de la terre, on frappe toutes les marchandises d'importation ou d'exportation d'un droit égal à la zeka, ou impôt coranique, c'est-à-dire de 10 p. 100 *ad valorem.*

Le produit de ce droit, après retenue pour les émoluments des comptables, est envoyé à l'Amine-el-Oumana, ou surintendant des finances.

Il existe encore une autre spécialité de comptables, ce sont les *nadir el-habas* (ناظر الاحباس) gérants ou surveillants des *hobous*, ou fondations pieuses.

Ces derniers ont pour fonction la gérance de

cette sorte de biens de main-morte, et l'emploi des revenus qu'ils procurent à l'entretien des mosquées ou des œuvres visées par les fondateurs.

Dans l'ordre judiciaire, le souverain nomme des juges, ou *cadis* (قاضي) qui distribuent la justice en son nom, hormis toutefois la justice répressive, restée dans les attributions des *âmel* ou *bacha;* les jugements des cadis sont toujours susceptibles soit de révision devant un autre juge voisin, soit d'appel devant le prince, par l'intermédiaire du vizir des réclamations.

Les contrats ou actes divers sont reçus et dressés par des notaires, ou *âdoul* (عدول, pluriel de عدل), qui ont ceci de particulier qu'ils ne peuvent rien faire de valable en opérant isolément, mais doivent toujours instrumenter par deux à la fois ; chacun d'entre eux peut être remplacé par six témoins (شهود) remplissant certaines conditions fixées par la loi.

XXXIVe LEÇON

CULTE ET ÉCOLES ; L'ÉTAT ÉCONOMIQUE

Nous savons que la religion islamique n'admet pas d'intermédiaire entre le fidèle et Dieu, elle n'a donc pas de clergé : cependant l'usage s'est introduit de confier habituellement à un fidèle connu pour sa piété la fonction de moniteur de la prière, quand celle-ci est dite en commun dans les mosquées.

Ce fidèle, qui se place en avant des autres, et dont la fonction est de diriger l'énonciation des formules de la prière, est l'*imam* (امام).

Ni lui ni le personnel auxiliaire, tel que crieurs, ou *muezzin* (موذن), hizzab (ou récitateurs des hizeb du Coran), balayeurs, etc., n'ont droit, de par la loi, à aucun traitement de l'État, mais ils reçoivent une sorte d'indemnité de fonctions sur les revenus des hobous, ou fondations pieuses.

Il en est de même des maîtres d'école, ou *derrar* (درار), qui enseignent l'écriture, la lecture et la récitation du Coran, dans les écoles qui sont toujours annexées aux mosquées.

De plus d'autres écoles existent dans toutes les zaouïas et dans toutes les tribus; et dans ces écoles, les maîtres sont entretenus, soit sur les revenus communs des zaouïas, soit par des cotisations volontaires fournies par tous les pères des enfants qui fréquentent l'école.

On voit donc ce fait curieux que, dans cet État théocratique, il n'y a pas de budget d'État pour le culte pas plus que pour les écoles.

L'état économique du Maghreb est, comme d'ailleurs l'état social et politique de ce pays, très curieusement comparable aux institutions qui existaient dans la France du moyen âge.

Non seulement tous les commerçants et les artisans sont souvent groupés par spécialités dans certains quartiers ou rues des villes, comme dans certaines zones des *marchés* (سوق) qui se tiennent à jours fixes dans toutes les zaouïas et les tribus, mais encore, tous les commerçants ou les artisans d'une même spécialité sont groupés en corporations ayant à leur tête des syndics élus, dénommés eux aussi *amine* (امين).

L'amine d'une corporation surveille les rapports du patron (معلم), de l'apprenti (متعلم) et de l'ouvrier (خدام) ; il gère une caisse corporative, veille aux intérêts de la corporation, et répond de tous les membres de celle-ci vis-à-vis du pouvoir administratif ou judiciaire.

De plus, il existe dans les villes importantes une sorte de prévôt des marchands, dit le *mohtasseb* (المحتسب), lequel est nommé par le prince, surveille les différentes corporations et leurs amines, tranche les difficultés et les différends d'ordre corporatif, et fixe les mercuriales (سعر) tant dans les villes que dans les marchés forains.

XXXVe LEÇON

L'AUTORITÉ DES KHALIFES OTTOMANS EN MAGHREB

Au huitième siècle, lors de la fondation de l'empire musulman d'Occident, l'empire musulman d'Orient était resté sous l'autorité des khalifes abbassides de Baghdad, qui commandèrent de l'Égypte à la mer Noire et à l'Inde.

Sous ces suzerains se forma, au onzième siècle, en Asie Mineure, la dynastie des émirs Seldjoukides, qui étaient des Turkmènes, Turcomans ou Turcs, parents des Huns, des Mongols, et des Hongrois, et originaires de l'Altaï.

Un émir seldjoukide fut, au douzième siècle, attaqué par Gengis-Khan qui détermina une nouvelle immigration de tribus turques en Asie Mineure.

Au treizième siècle, les khalifes abbassides furent chassés de Baghdad par un prince seldjoukide, mais celui-ci fut lui-même supplanté par un autre émir *turc*, du nom d'*Otmane* (عثمان).

C'est ce dernier qui fonda la dynastie *Ottomane* (عثمانية) laquelle peu à peu soumit toute l'Asie Mineure, puis au quatorzième siècle passa en Europe, soumit les Slaves des Balkans à la suite de la bataille de Kossovo (1360), et s'installa enfin à Constantinople (1453).

L'émir ottoman Selim Ier finit par obtenir, du dernier descendant des princes abbassides dépossédés, la transmission par testament du titre de khalife (1517).

Voilà donc l'Islam d'Orient constitué tel que nous le voyons, et on peut dire que s'il est resté essentiellement turc, s'il n'a pas pris un faciès arabe comme l'Islam d'Occident, quoique, comme celui-ci, il emploie la langue arabe comme langue religieuse, et qu'il lui ait pris son alphabet et un grand nombre de mots, c'est qu'il lui a manqué l'élément ethnique arabe que furent, en Maghreb, les Arabes hilaliens.

Sélim-Khan fut facilement reconnu comme khalife, car il se trouva que les Musulmans d'Orient suivent les règles de l'école hanéfite qui n'impose pas au khalife la condition d'être originaire de la tribu arabe des Koreïch.

D'ailleurs Selim était, de fait, le prince le plus puissant du monde musulman, et il le montra en attaquant Tunis qui se trouvait sous la loi d'un prince hafside payant tribut aux Espagnols ; il l'interna en captivité à Constantinople et le remplaça, à Tunis, par un gouverneur turc (1574).

En même temps, il recevait l'hommage d'un fils d'esclave chrétien, devenu Musulman et maître d'Alger par héritage de son frère *Baba-Aroudj* (Barberousse), qui avait renversé et remplacé un émir local, lui aussi tributaire des Espagnols.

Les gouverneurs turcs d'Alger et de Tunis étendirent leur autorité sur le Maghreb-Proche, ou Ifrikia, et sur le Maghreb-Central jusqu'à la Moulouïa, mais ils ne modifièrent pas l'état politique et social que nous avons étudié dans les leçons précédentes, et qui était le même dans tout le Maghreb ; tout au plus se trouva-t-il, dans les hauts emplois algériens et tunisiens, des chefs turcs qui administrèrent les Arabo-Berbères en langue arabe, au nom du khalife ottoman, et en son nom appliquèrent la législation musulmane que nous connaissons.

La société musulmane du Maghreb ne fut pas changée ni divisée, elle connut seulement, selon les régions, deux khalifes différents, celui de Fès et celui de Stamboul.

L'Islam nord-africain devint bicéphale.

XXXVIe LEÇON

LES CONFRÉRIES RELIGIEUSES

La coexistence de deux souverains, l'un de race turque, l'autre arabe, aurait pu être, pour la société musulmane que nous étudions, une cause de dissociation venant s'ajouter à celle, déjà grave, de la compartimentation physique du pays nord-africain.

Mais leurs effets dissociants furent efficacement combattus par les forces cohésives de l'Islam, par l'uniformité mentale qu'il établit chez ses adeptes, par la communauté d'intérêts religieux et sociaux qui les groupait vis-à-vis des puissances chrétiennes d'Europe, devenues agressives et inquiétantes.

Dans la situation peu favorable où la nature comme les événements politiques avaient placé le peuple musulman, l'un de ses moyens de cohésion les plus efficaces a été cette sorte de franc-maçonnerie que sont les *confréries religieuses* dans l'Islam.

Chaque confrérie, ou *tarika* (طريقة voie) est gouvernée par un chef héréditaire, dit *cheïkh-et-Tarika* (شيخ الطريقة), lequel a des vicaires dits *mokaddem* (مقدم placé devant) dans toutes les régions, ou localités, dans lesquelles se trouvent des affiliés, ou *khouan* (خوان frères, pluriel spécial de خو).

Chaque confrérie impose à ses affiliés:

1° Un *dikr* (ذكر), *formule* particulière de prière à réciter un certain nombre de fois par jour ;

2° Un chapelet pourvu d'un insigne spécial, grain de corail par exemple, qui sert à dire des litanies particulières, et aussi à se reconnaître entre affiliés ;

3° Une redevance annuelle, dite *ghefara* qui, doit être remise au mokaddem, et une autre dite *ziara* (زيارة), ou cadeau de *visite* ;

4° Une obéissance complète et passive à tout ordre ou consigne venu du cheïkh, sur quelque sujet que ce soit, obéissance qui met l'affilié dans les mains du cheïkh, comme « le cadavre dans les mains du laveur des morts ».

En retour, l'affilié reçoit en toute circonstance l'aide la plus complète, l'hospitalité, le secours armé de tous ses confrères.

Dans les confréries, on admet tout le monde, chérifs, marabouts, roturiers, affranchis, et certaines comptent leurs affiliés par centaines de mille dans tout le monde musulman.

Les champs d'action des confréries ne sont pas séparés ni distincts selon les pays ou les régions, ils s'enchevêtrent au contraire dans tous les pays musulmans, et même dans chaque tribu ou zaouïa, où chaque individu s'affilie en toute liberté à la confrérie de son choix, se créant ainsi, avec ses confrères ou *khouan*, et avec ses supérieurs confraternels, des liens aussi solides que des liens de parenté.

En Afrique du Nord, les principales sont :

1° La *Kadrïa* (الطريقة القدرية), fondée par Sidi Abdelkader el-Djilani (de Djilâne, petite ville de Syrie) ;

2° La *Rahmanïa* (الطريقة الرحمانية) très nombreuse entre Alger et Constantine et entre Fès et Rabat ;

3° La *Tidjânïa* (الطريقة التجانيه) dont le cheïkh réside à la zaouïa d'Aïn-Madhi, en Maghreb-Central ;

4° La *Taïbia* (الطريقة الطيبية) dont le chef est à la zaouïa d'Ouazzane, en Maghreb-Extrême ;

5° La *Rimaïa* (طريقة الرماية), confrérie pour le tir à la cible et la préparation à la guerre, une des plus répandues, dont l'origine remonte au Prophète.

XXXVIIe LEÇON

LE « TADJER », OU RÉSIDENT EUROPÉEN

Nous avons vu que les dispositions légales régissant la guerre sainte déterminèrent le statut des Chrétiens indigènes tolérés dans l'Islam nord-africain, en qualité de *tributaires*, jusqu'à ce que leur disparition ait été amenée par la lutte contre les Chrétiens d'Europe, au seizième siècle.

Cette lutte, après avoir obtenu la presque complète libération du territoire musulman, se poursuivit contre les puissances chrétiennes sous la forme d'une guerre maritime de course, qui permit aux Musulmans d'opérer des prises importantes de marchandises, et de capturer, les armes à la main, de nombreux Chrétiens qu'ils libéraient ensuite contre des rançons élevées, ou exploitaient comme travailleurs captifs, ou esclaves.

Mais cette guerre corsaire ne pouvait être soutenue par ce peuple sans industrie qu'avec la connivence et le secours de quelque pays européen, d'où il tirait ses moyens de combat en navires, matériel naval, armes et munitions.

Ce rôle lucratif de pourvoyeur fut exercé surtout par la Hollande, et subsidiairement par un certain nombre de Chrétiens de toutes les nations, qui vinrent peu à peu s'installer dans les principaux ports corsaires, Salé, Alger, Bougie et Tunis.

Tels furent les premiers résidents européens qui purent vivre dans l'État musulman sans être soumis à la situation précaire et méprisée de tributaires.

Les Musulmans les dénommèrent *tadjer* (تاجر), ou *commerçants.*

Le *tadjer* n'eut d'abord comme sauvegarde que le patronage du souverain ou des âmels, ou celui de certains Musulmans haut placés qu'il se gagna par des cadeaux.

Cependant Marseille, qui faisait un commerce très actif avec tous les ports musulmans de la Méditerranée orientale, — les Échelles du Levant, — avait, dès le douzième siècle, obtenu le droit de grouper, dans chacun de ces ports, ses commerçants dans une rue spéciale, sous la juridiction de *juges-consuls* semblables à ceux qui régissaient les corporations de marchands en France même.

L'extension de l'empire musulman d'Orient sur Tunis et Alger étendit, dès le seizième siècle, jusqu'aux *Échelles de Barbarie* le privilège obtenu par les commerçants marseillais.

Pour soustraire leurs nationaux aux risques de la guerre corsaire, les rois de France d'abord, puis peu à peu les autres souverains européens, négocièrent des traités tant avec les khalifes ottomans de Stamboul, souverains de Tunis et d'Alger, qu'avec les khalifes chérifiens de Fès, souverains de Salé.

Ces traités par articles, ou chapitres, en latin *capitula*, furent dénommés *capitulations*.

Ces capitulations recherchèrent un double effet immédiat : la libération des sujets de la puissance traitante qui se trouvaient captifs en pays musulman, et la garantie que les navires ni les côtes nationales ne seraient plus pillés ni inquiétés ; cela fut obtenu moyennant l'engagement de verser, chaque année, des sommes d'argent qui ne furent autre chose que de véritables *tributs*.

Le point de vue légal musulman déjà rappelé fut donc sauvegardé, puisque, s'il se trouva des Chrétiens ne payant pas de tribut individuel, chacune des puissances européennes devint en fait *tributaire* de l'Islam pour l'ensemble de tous ses nationaux qui, à l'abri des capitulations, vinrent commercer et résider dans les ports musulmans.

XXXVIIIe LEÇON

LA JURIDICTION CONSULAIRE

Le principe de sa législation sauvegardé par la fixation d'une contribution annuelle à recevoir, l'Islam ottoman ou chérifien ne fit aucune difficulté à consentir aux divers résidents européens la faculté de se réunir par nationalité, pour former des groupements jouissant de l'autonomie normalement attribuée à tous les groupements de tributaires indigènes.

Cette autonomie, pour toutes les questions civiles, commerciales et même criminelles, fut donc inscrite dans les capitulations signées par les différentes puissances chrétiennes ; elle fut par celles-ci dénommée *privilège d'exterritorialité*, et considérée comme un gros succès politique remporté sur l'Islam.

Elle fut organisée sous la juridiction de *juges-consuls*, ou *consuls*, investis par chaque souverain chrétien pour ses nationaux dans chaque localité, et agréés par le souverain musulman.

Les bases de la juridiction consulaire, énoncées dans plusieurs capitulations signées par la France dès le seizième siècle, ont été définitivement fixées pour cette puissance par la convention de 1740, conclue avec le khalife ottoman Mahmoud Ier, et par celle de 1767, conclue avec le khalife chérifien Mohammed ben Abdallah.

Ces deux capitulations, qui sont semblables, offrent ceci de remarquable, qu'elles ont consacré les premières atteintes portées à la législation politique de l'Islam, avec l'assentiment de l'un et l'autre des souverains détenant la suprême autorité musulmane.

Ces atteintes, dont les autres puissances européennes ont réussi depuis à partager le bénéfice avec la France, sont de deux sortes :

1° Les résidents européens seront, comme leurs souverains eux-mêmes, dispensés de toute contribution;

2° Certains Musulmans pourront, soit à titre d'employés des consuls, soit à titre d'associés des commerçants, échapper à la juridiction musulmane, être exterritorialisés et soumis à la juridiction consulaire.

Ces deux innovations politiques marquent *la première phase de la pénétration de l'Islam nord-africain par la France*, protagoniste de l'expansion européenne.

La juridiction consulaire est de nature administrative et judiciaire : le consul dresse, pour ses nationaux, les actes d'état civil, reçoit les contrats et authentifie les transactions, liquide les successions, gère les biens des absents, et sauvegarde les naufragés et les épaves.

Il règle tous les différends civils ou commerciaux; il exerce la juridiction criminelle quand le prévenu ou l'accusé sont de sa nation, et dans le cas contraire, il assiste ses ressortissants devant tout tribunal consulaire voisin, comme devant le tribunal musulman.

Il protège ses ressortissants contre toute avarie, et sauvegarde leurs intérêts en toute circonstance, et comme; au lieu d'être faible et isolé comme les chefs des groupements de tributaires indigènes, il a derrière lui son souverain et sa nation, en cas de difficulté avec les autorités musulmans, il inflige souvent à celles-ci les désagréments les plus graves et même des guerres étrangères.

Nous allons voir se produire un cas de ce genre qui aura les conséquences sociologiques les plus considérables pour l'Afrique du Nord.

XXXIXe LEÇON

LA FRANCE S'INSTALLE A ALGER

Quand, au seizième siècle, le second Barberousse, prince ou émir d'Alger, eut fait acte d'hommage au khalife ottoman de Constantinople, il entendait conserver cette autonomie dont jouissaient habituellement les émirs maghrebins, mais après une carrière brillante et agitée, il alla mourir à Constantinople, et fut remplacé à Alger par des gouverneurs qui furent relevés tous les trois ans, et qui étaient des pachas turcs.

Il faut noter en passant que le titre de *pacha* ne désigne pas une fonction, mais est simplement le plus élevé, après celui de *khan* (chef, prince, émir), dans la hiérarchie honorifique ottomane, qui se complète par les *beys*, les *aghas*, les *efendis*.

Les gouverneurs turcs eurent près d'eux une

milice ottomane de *janissaires*, dont les officiers, ou *aghas*, imposèrent souvent leurs volontés aux gouverneurs, mais dont l'influence eut à lutter contre celle de la corporation des *raïs*, patrons-marins, armateurs ou capitaines de navires.

Après une période d'émeutes et de désordres, la corporation des raïs réussit à assurer le pouvoir à un chef élu à vie par elle, qui prit le titre turc de *dey* (oncle), et gouverna avec l'aide d'un conseil, ou *divan*, ne laissant qu'un rôle effacé et nul au pacha turc, représentant le khalife.

Les deys bornèrent à l'acte d'hommage leur vassalité vis-à-vis du khalife ottoman, car tout en gouvernant en son nom, ils ne suivirent en réalité que leur propre impulsion, ou celle de leur divan.

Avec l'aide de leur milice turque, ils établirent leur autorité sur une grande partie du Maghreb-Central, et ils eurent des lieutenants-gouverneurs à Oran, à Médéa et à Constantine, avec le titre de *bey*.

Pendant les dix-septième et dix-huitième siècles, le gouvernement des deys, subissant l'influence de la corporation des raïs, dont il était une émanation, donna la plus grande activité à la guerre corsaire, sur les produits de laquelle il percevait la dîme légale, et il attira ainsi sur ses ports plusieurs expéditions envoyées par les puissances chrétiennes.

Les deys ne tenaient compte des traités passés par celles-ci avec le khalife ottoman, qu'après confirmation par traités particuliers et directs, négociés par les consuls résidant à Alger.

C'est l'un de ceux-ci qui allait mettre fin au régime.

Le gouvernement français avait, de 1793 à 1798, fait d'importants achats de céréales à une maison de commerce d'Alger, et avait laissé sa dette en souffrance; l'Empire et la Restauration firent traîner les choses, en se basant sur ce que le montant de la créance avait été fortement majoré, et en 1827, au cours d'une réception officielle dans son palais, le dey Hussein apostropha vivement le consul français, le sommant de verser enfin la somme due à un de ses sujets.

Le consul, offusqué par la forme inusitée de l'injonction, répondit avec vivacité, et le dey irrité le frappa, dit-on, du chasse-mouches qu'il tenait à la main.

La France couvrit son consul, mais elle réclama en vain réparation; elle prépara une expédition plus importante que toutes celles qui avaient précédé, et après avoir hésité longtemps devant l'opposition de l'Angleterre, elle finit par s'emparer d'Alger (1830).

XLe LEÇON

LA DÉFENSE NATIONALE MUSULMANE

En prenant possession d'Alger, au nom du roi de France, le général français commença par expulser tous les Turcs, dey, fonctionnaires, militaires et population, qu'il fit embarquer à destination d'Italie, puis il organisa une administration française et groupa les indigènes sous l'autorité d'un *agha des Arabes*.

Pour poursuivre la mainmise française sur la totalité de l'héritage deylical, le gouverneur français fit bientôt occuper Oran et Bône, cette dernière située à 80 kilomètres de l'ancien *Bastion-de-France* (La Calle) qui avait dû être évacué en 1827, lors de la tension franco-deylicale.

Tous ces événements s'accomplirent sans que le khalife de Constantinople eût fait aucun geste effectif pour secourir ou venger son vassal, et tout vestige de l'occupation turque s'effaça d'autant plus facilement que les fonctionnaires, ou les soldats ottomans, avaient toujours été très peu nombreux et très peu sympathiques aux Arabo-Berbères.

Les unions fréquentes de Turcs avec des femmes indigènes avaient produit une caste de métis, communément dénommés en turc *koulouglis* (fils de la servante), mais ceux-ci, perdant leurs privilèges, exemption d'impôts, etc., par suite de la disparition de la domination ottomane, ne tardèrent pas à se fondre dans le reste de la population arabo-berbère.

Quant à celle-ci, elle entreprit partout la lutte contre le nouveau maître français, partout on se leva pour la *guerre sainte*.

Dans cette lutte, une personnalité se plaça bientôt au premier plan, c'était un marabout, El-Hadj Abd-el-Kader, de la tribu des Hachem, voisine de Mascara.

Il attaqua Oran avec 10.000 hommes, et une première fois repoussé, il finit par obtenir un traité qui consacra son autorité ; un second traité, signé par Bugeaud en 1837, le reconnut comme émir de Mascara, souverain de tout le pays algérien, ne laissant à la domination française qu'Alger et Oran.

Le nouvel émir envoya son acte d'hommage au khalife chérifien, dont il tira des subsides pour la guerre ; il s'assura le concours effectif tant du bey de Constantine, Arabe de race, que du bey turc de Tunis, et soutenu par le khalife, par les émirs, les zaouïas, les tribus et les confréries religieuses, par toutes les forces politiques, religieuses et sociales de l'Islam, il mena énergiquement la guerre sainte contre tous les postes français.

Il organisa le pays algérien, de l'Atlas à l'Aurès, en huit régions dans chacune desquelles il plaça un khalifa (خليفة) ou lieutenant, commandant aux âmels des tribus.

Il forma un personnel d'*oumana* qui perçurent correctement l'impôt, et il entretint une armée régulière qui lui permit de soutenir une guerre longue et acharnée.

Vaincu à plusieurs reprises, ayant perdu l'une après l'autre toutes ses places fortes, Miliana, Biskra, Mascara, Tlemcen, privé du secours du bey de Constantine, il se réfugia au delà de la Moulouïa, et provoqua la guerre entre la France et le khalife de Fès ; mais il commit la faute d'intriguer contre celui-ci, battu par les Français à Isly : il voulut le supplanter, mais chassé par lui, il se trouva réduit à se rendre aux Français.

Il fut interné en France, et son départ marqua la fin de la guerre *nationale* de l'Islam nord-africain (1847).

XLIe LEÇON

LE « ROYAUME ARABE » EN ALGÉRIE

La France s'était lancée dans l'entreprise algérienne sans autres préparatifs que ceux d'ordre militaire et naval, et sans avoir arrêté au préalable ce qu'elle ferait de sa conquête, ni comment elle pourrait l'exploiter.

Pour entrer en contact avec la société musulmane, d'essence et d'organisation si spéciales, elle n'avait, ni dans ses diplomates, ni dans ses administrateurs, pas plus que parmi ses militaires, aucun personnel spécialement préparé.

Jusque-là en effet, malgré le rôle de premier ordre joué par les Français, comme nous l'avons vu, dans les relations de l'Europe avec l'Islam, les études arabisantes étaient restées le privilège de quelques universités hollandaises et allemandes.

Tout au plus l'armée victorieuse d'Alger

avait-elle pu se procurer quelques professeurs syriens, et un ou deux anciens interprètes de l'armée de Bonaparte en Égypte, mais ni les uns ni les autres n'avaient aucune connaissance particulière, politique ou sociologique, du pays nord-africain.

Cette pénurie de spécialistes explique l'embarras où se trouva le gouverneur français après la prise d'Alger, comme aussi les stipulations néfastes signées, au nom de la France, dans les traités de 1834, 1837 avec Abd-el-Kader, et 1845 avec le khalife de Fès, ou *sultan du Maroc*.

Elle explique encore qu'on n'eut aucun administrateur à placer dans les régions, de plus en plus étendues, dont on se rendait maître, au fur et à mesure qu'on pourchassait l'émir, champion de la résistance musulmane.

Ainsi s'organisa, à l'aide d'officiers de bonne volonté, une *administration militaire*, qui plaça les différentes tribus d'un *cercle*, pourvues de *caïds* choisis, sous l'autorité d'un *commandant supérieur*, assisté d'un *bureau arabe*.

Tous les cercles du territoire conquis furent répartis en trois *provinces*, commandées par des généraux de division, relevant du *gouverneur général*.

Cette organisation administrative s'aida d'une hiérarchie indigène, imitée de celles qu'avaient réalisée Abd-el-Kader et les deys turcs.

Au-dessus des caïds de tribu, on institua des

aghas, qui commandaient à plusieurs caïds, puis des *bach-aghas* (باشاغا), chefs de plusieurs aghas, et tout en haut, des *khalifas* (خليفة) qui commandèrent à des régions très étendues.

Et cela même fut un des côtés nuisibles du système, qui, par ailleurs, séduit par sa simplicité, ainsi que par son aptitude à obtenir promptement la pacification d'un pays conquis, au moyen de la militarisation relative qu'il impose aux populations.

L'institution de trop grands commandements indigènes mit leurs bénéficiaires en mesure de se créer de fortes situations, et de tenter de graves insurrections (Si Hamza, Mokrani).

D'autres mouvements insurrectionnels se sont développés sous l'action de simples particuliers, pauvres et inconnus au début, mais dont les menées acquéraient de l'ampleur, même du manque d'à-propos et d'adresse dans la répression (Bou-Baghla, Bou-Choucha).

Partis de rien, ces agitateurs sont arrivés à troubler des régions très étendues, et à provoquer d'importantes expéditions militaires, qui les ont traités en belligérants.

C'est encore un grief imputable au système, mais cela permit, par ailleurs, au gouvernement de constituer, par le séquestre mis sur les terres des insurgés, un vaste domaine public qui donna ensuite le moyen d'installer le peuplement européen.

XLIIe LEÇON

LE PEUPLEMENT EUROPÉEN DE L'AFRIQUE DU NORD

La France n'avait pu conduire à bonne fin la guerre contre Abd-el-Kader, et contre toutes les forces de l'Islam, qu'au moyen de gros effectifs militaires, qui amenèrent derrière eux une foule de fournisseurs, de ces commerçants de tout ordre qui vivent des armées.

En suivant les troupes dans les lieux où le développement de la conquête les déterminait à s'installer, ces commerçants virent peu à peu s'ouvrir devant eux des champs d'activité économique avantageux, et leur nombre s'accrut rapidement, tant de nouveaux arrivés de France, que de nombreux militaires qui se fixaient dans le pays, après leur libération du service.

Ainsi se formèrent les premiers groupements civils, qui bientôt obtinrent l'existence municipale, au milieu du « royaume arabe » de l'administration militaire.

On leur attribuait des concessions gratuites d'espaces restreints, qu'ils ne pouvaient aliéner ou hypothéquer qu'avec l'agrément de l'autorité.

Puis, quand les immigrants commencèrent à aborder le travail de la terre, on leur fit encore des concessions gratuites, sous condition résolutoire, en imposant l'exécution de certains travaux de mise en valeur.

Mais la fertilité du pays et ses possibilités d'exploitation attirant toujours un nombre grossissant d'immigrants, la population civile obtint, vers 1850, le droit de représentation au Parlement métropolitain, en même temps qu'un préfet était chargé de la direction des communes civiles de chacune des trois provinces militaires.

La colonie vit son domaine public amplement pourvu, tant par le sénatus-consulte de 1863, que par les séquestres de terres d'insurgés : elle put multiplier les concessions de terres, et favoriser ainsi l'immigration toujours plus active.

En 1870, trois départements furent formés, avec tous les organismes et tous les droits des départements métropolitains, mais ils n'occupaient encore que 12.000 kilomètres carrés.

En 1879, cette surface fut portée à 103.000 kilomètres carrés, et sous leur administration civile régulière, 1.000.000 de Musulmans vinrent voisiner avec 300.000 Européens.

Nous disons *Européens*, car l'élargissement à la colonie algérienne du régime civil de la métropole, et la sécurité instaurée par la France, amenèrent dans ce pays, concurremment avec les Français, une foule d'Espagnols, d'Italiens et de Maltais, qui vinrent utilement apporter leur coefficient d'énergie et d'activité à l'œuvre économique de la mise en valeur du pays.

Et même l'effet de la maîtrise obtenue par la France sur l'Islam nord-africain dépassa les limites auxquelles s'était arrêtée la colonie algérienne.

A l'Ouest, un courant espagnol, qui ne visait d'abord qu'Oran et sa province, poussa sur Tanger quelques milliers de résidents; et à l'Est, un autre courant plus actif encore accumula, tant dans la province de Constantine qu'à Tunis même, des milliers de Maltais et d'Italiens.

Cette immigration européenne qui, en trois quarts de siècle, a fixé près d'un million d'individus en Afrique du Nord, a été l'événement capital, consécutif à la victoire de la France sur la Défense nationale musulmane, et il a déterminé ensuite, comme nous le verrons, l'extension française sur Tunis et sur tout le reste de l'Afrique du Nord.

XLIIIe LEÇON

L'ÉTAT FRANCO-MUSULMAN D'ALGÉRIE

L'État franco-musulman d'Algérie s'était trouvé d'abord une simple copie de l'État turco-arabe qu'il avait remplacé : il s'était contenté d'une administration rudimentaire, avec chefs indigènes à la base, et dans les sommets des chefs militaires français, peu versés dans la législation musulmane qu'ils prétendaient respecter, comme dans la constitution de la société musulmane qu'ils voulaient conserver.

Dans cet État franco-musulman, les immigrants français n'obtinrent d'abord que l'existence communale, et quand leurs communes eurent été groupées sous la gérance de *préfets*, ces préfets furent subordonnés aux généraux commandant les provinces.

Mais quand la population française eut acquis une certaine importance, ses députés au Parlement métropolitain lui obtinrent une plus grande place dans l'État colonial, et l'affranchirent de la tutelle de l'administration militaire.

A partir de 1870, les départements algériens furent constitués sur le même pied que les départements métropolitains, avec les mêmes divisions administratives en arrondissements et communes, les mêmes corps élus, les mêmes services judiciaires et financiers.

Cependant les préfets, qui relevaient encore du gouverneur général militaire, furent bientôt rattachés, ainsi que tous les services départementaux,au gouvernement central de la métropole : ce fut l'abandon complet du système militaire, caractérisé par la formule « royaume arabe », et son remplacement par la suprématie de l'autorité civile (1879).

Ce nouveau système politique, dit des « rattachements », visa à subordonner en toutes choses les intérêts des Musulmans au but supérieur de la colonisation par peuplement français.

On fit subir à la société musulmane, pour la mettre en harmonie avec les exigences du développement de la société française, des transformations profondes, sur lesquelles nous reviendrons, et qui ne se réalisèrent pas sans des soubresauts des vaincus : des mouvements insurrectionnels voulurent éclore, mais — et c'est ici un avantage de l'administration civile,

— dès qu'ils s'esquissèrent, ils furent réprimés par des actions de police avant de s'être étendus, et sans avoir bénéficié de la situation de belligérants.

Cependant on sentit bientôt qu'on avait dépassé la mesure juste, en sacrifiant complètement les indigènes aux immigrés, et on conçut la formule de l'*évolution parallèle* (1897).

C'est ainsi qu'on a maintenant un *gouvernement général*, qui centralise à Alger tous les services de la colonie.

Celle-ci jouit de l'autonomie financière, et ses budgets sont établis par un parlement local composé de deux assemblées, le *Conseil supérieur* et les *Délégations financières ;* cette dernière est formée de délégués *élus*, les uns par la population musulmane, les autres par la population française, et qui ont, les Musulmans comme les Français, voix délibérante.

Les Délégations financières se divisent en *quatre* sections : 1° les *colons*, 2° les *non-colons* (ces deux sont françaises) ; 3° la *section arabe*, formée par la généralité des Musulmans ; 4° la *section kabyle*, formée par les délégués de la population musulmane, mais *berbère pure*, de Kabylie (arrondis. de Tizi-Ouzou du département d'Alger).

Les travaux particuliers de chacune de ces sections sont finalement discutés et votés en assemblées plénières, avant d'être transmis à l'examen du Conseil supérieur ; et les projets ainsi établis n'acquièrent force de loi qu'après approbation par le Parlement métropolitain, et promulgation par le Président de la République.

LXIVe LEÇON

L'ADMINISTRATION ALGÉRIENNE

Dans un département algérien, le préfet a deux *secrétaires généraux*, dont le second est spécialement chargé des *affaires indigènes*.

Le Conseil général contient, en plus des conseillers français, quelques *assesseurs musulmans*.

Les communes sont de deux sortes :

1° La *commune de plein exercice*, établie sur les mêmes bases que la commune métropolitaine, avec conseil municipal et maire *élus* par la population française ; cependant le conseil municipal contient des conseillers indigènes élus par la population musulmane.

2° La *commune mixte*, établie dans les localités où la population française est encore peu nombreuse, laissant une grande prédominance numérique aux Musulmans ; là, le chef de la commune est un *administrateur* de carrière, nommé par le gouverneur, et il est assisté d'une *commission municipale* formée, d'une part, de membres élus par la population française, et d'autre part, des *adjoints indigènes*, titre donné aux chefs investis des *douars-communes*, groupements qui ont remplacé les anciennes tribus.

L'administration civile dans tous ses services dispose de fonctionnaires spécialisés, tous arabisants, souvent même diplômés de droit musulman ; cependant l'ancienne administration militaire n'est pas totalement disparue : tout en se conservant dans une sorte de *marche frontière*, formée de trois communes, sur les confins ouest de la colonie, elle a reporté son personnel dans de nouveaux postes sahariens, à mesure qu'elle cédait à l'administration civile les régions susceptibles d'être colonisées : ainsi se sont organisés les *Territoires du Sud*.

Le système judiciaire algérien est semblable à celui de la métropole ; mais la Cour d'appel a une *chambre des appels musulmans ;* en plus des cours d'assises il y a des *cours criminelles*, spéciales aux Musulmans ; en plus des tribunaux de 1re instance jugeant au correctionnel, il y a des *tribunaux répressifs* spéciaux aux Musulmans ; les juges de paix ont une compétence plus étendue qu'en France ; enfin il y a des tribunaux musulmans, où les *cadis* règlent, selon la législation islamique, tout litige intéressant le statut personnel des Musulmans.

Ceux-ci sont justiciables des tribunaux français pour les litiges commerciaux ou immobiliers.

La conception et le régime de la propriété immobilière sont, pour la loi musulmane, tout différents de ce que nous imaginons; ses bases juridiques, qui étaient peu connues, ont été bouleversées par le sénatus-consulte de 1863, dotant le domaine public de la Colonie, celui des communes, et même les tribus jusqu'alors simples usufruitières du sol.

Puis comme l'extension de la colonisation était entravée, du fait que la loi musulmane n'impose aux transmissions de propriété que le consentement des parties, sans aucune obligation de publicité ou de contrôle public, la loi de 1873 soumit ces transmissions à la loi de 1855 sur la transcription, et la loi de 1887 plaça la propriété sous le régime de la législation française; enfin la loi de 1897 permit l'obtention de titres français à tous les propriétaires musulmans.

Le système fiscal comporte, pour les Français, des contributions directes: foncière sur la propriété bâtie, personnelle-mobilière, portes et fenêtres; et des *contributions diverses*, sur les sucres, tabacs, poudres, droits d'enregistrement, timbre, hypothèques.

Il est perçu, sur les importations, un *octroi de mer*, qui se répartit entre les communes.

Enfin, sur la base de la dîme coranique, les Musulmans sont soumis à des impôts spéciaux :

1° L'*âchour*, sur les récoltes (impôt de répartition) ;

2° La *zekat*, sur les troupeaux (impôt de répartition) ;

3° La *lezma*, sur les palmiers (impôt de quotité).

XLVe LEÇON

LA SOCIÉTÉ FRANÇAISE « ALGÉRIENNE »

Dans la colonie algérienne, le peuplement européen fut d'abord exclusivement français, le gouvernement colonial réservant à ses seuls nationaux, tant les concessions urbaines à clause restrictive de la première période, que les premières séries de concessions rurales gratuites à clause résolutoire.

La société française qui se forma ainsi s'établit une vie économique semblable à celle qu'elle avait laissée en France, et supérieure à celles réglées, à cette époque, en Espagne, en Italie et à Malte : d'où l'attirance exercée par la colonie algérienne naissante sur les émigrants de ces trois derniers pays.

Ces renforts européens procurèrent d'abord, aux colons français, la main-d'œuvre que ceux-ci ne pouvaient tirer alors des Musulmans, sans cesse belligérants ou hostiles; et comme leur travail obtenait des rémunérations avantageuses, les salariés espagnols, maltais et italiens purent se procurer des propriétés rurales, par des acquisitions de seconde main.

Cet appoint d'étrangers, venus de pays à climats très rapprochés du climat du pays nord-africain, aida d'ailleurs beaucoup au succès de l'œuvre de colonisation dont s'est complétée la conquête française, car ce pays était totalement inconnu, tellement insoupçonné qu'on tenta sa mise en valeur par des cultures tropicales, comme la canne à sucre et le café ; et il se montra tellement inhospitalier pour les immigrés que beaucoup moururent, ou durent se rapatrier, fuyant la *malaria*, ou paludisme, et que dans certains villages de colonisation, deux et trois peuplements successifs ont dû être installés par l'administration.

Les éléments étrangers d'origine ont compris l'avantage énorme que leur installation définitive dans le pays gagnerait par leur francisation, et un très grand nombre d'entre eux sont entrés dans la société française par la voie des naturalisations individuelles.

Leur transformation continue en s'amplifiant. Ils se dénationalisent d'autant plus facilement qu'enfants, ils fréquentent les écoles françaises; adolescents, ils optent pour la nationalité du pays où ils ont grandi et où ils ont tous leurs intérêts ; ils passent dans l'armée française, et souvent dans l'administration, et les mariages mixtes sont extrêmement fréquents.

Commerçants ou agriculteurs, l'intérêt même de leurs affaires les rend de plus en plus *algériens*, et ils ne le sont pleinement, aux points de vue politique et social, qu'en devenant *citoyens* français et électeurs.

La société française a bien tenté d'absorber la société musulmane, et comme elle y a échoué, elle a offert aux Musulmans de les accueillir par les naturalisations individuelles; toutes ces offres sont restées vaines, et nous verrons pourquoi.

D'autre part les anciens tributaires juifs de l'État musulman se sont vus, à la conquête française, dans une situation des plus embarrassantes, n'étant plus tributaires, n'étant pas étrangers, et ne voulant pas être des sujets confondus avec leurs anciens maîtres musulmans : ils ont obtenu, par un décret de 1870, la naturalisation globale qui les a faits tous citoyens ; on doit équitablement reconnaître qu'ils ont fait de tels efforts pour se mettre, par l'instruction et l'éducation, à la hauteur de leur nouvelle situation sociale et politique, qu'ils ont acquis une place considérable dans la société algérienne.

En résumé, celle-ci, malgré la diversité de ses origines, contient un élément national considérable (450.000 sur une population totale de 800.000), suffisant pour absorber les étrangers et conserver à l'ensemble un faciès nettement français.

XLVIe LEÇON

UNE SOCIÉTÉ MUSULMANE TRANSFORMÉE

La soumission à la souveraineté politique de la France d'une partie de l'Islam nord-africain s'est basée sur un principe de la religion islamique : la résignation à la volonté de Dieu manifestée par un fait matériel, la victoire militaire française qui n'a pu s'accomplir que par une permission divine.

Dans l'esprit des Musulmans, c'est une épreuve d'un caractère temporaire, devant prendre fin par la surrection d'un *mehdi*, et destinée à acheminer l'Islam corrigé et amendé vers un avenir brillant, qui réalisera sa destinée de domination universelle.

Cette conception a reçu sa confirmation de la politique française elle-même qui n'a cessé de se montrer respectueuse de la religion, qui, à deux reprises, a sollicité, des oûlama de La

Mekke, des fetoua déclarant que la terre algérienne n'a pas cessé d'être pays d'Islam et que les Musulmans ne doivent pas en émigrer, qui a protégé le culte et bâti de nombreuses mosquées, tout en imposant des transformations sociales profondes et pénibles; et l'écrasement des révoltes auxquelles celles-ci ont donné lieu a montré aux Musulmans l'assentiment divin.

La première de ces transformations sociales est sortie de la première organisation donnée à la colonie en 1845 : elle a consisté en un nivellement social portant, d'une part, sur l'incorporation des zaouïas dans les tribus roturières, devenues les seuls groupements reconnus, et la suppression de tous les privilèges traditionnels des chorfa et des marabouts, et d'autre part sur la suppression de l'esclavage.

Ces mesures ne furent qu'en partie réalisées, car les gens du peuple conservèrent aux chérifs et aux marabouts le respect et l'obéissance dont on les dispensait, et pareillement nombre d'esclaves restèrent volontairement auprès de leurs maîtres, ne sachant utiliser la liberté dont le nouveau maître politique les gratifiait.

L'épreuve qu'étaient ces mesures pour la société musulmane fut bientôt adoucie par une autre innovation, l'attribution (sénatus-consulte de 1863) de la pleine propriété d'amples territoires aux tribus qui n'avaient jamais eu que des droits de jouissance temporaire, soumis aux caprices et aux décisions des souverains musulmans.

Mais les nécessités de la pacification et du développement de la colonisation ont amené d'autres transformations des collectivités et des individus.

La collectivité traditionnelle, ou tribu, était trop dans la main de son chef naturel, et le suivait trop facilement s'il résistait et se révoltait, et d'un autre côté sa récente constitution territoriale gênait souvent l'organisation communale et l'installation des colons : les tribus ont été disloquées, et de leurs morceaux ont été constitués les nouveaux groupements, dits *douars-communes*, répartis tout autrement, et confiés à des fonctionnaires plus souples, étant non imposés par leur origine, mais choisis par l'administration française.

Les individus n'avaient qu'un nom individuel n'indiquant nullement leur filiation, et changeaient d'étiquette onomastique quand cela leur était utile; ils ont été soumis à l'usage d'un nom patronymique et à un état civil régulier.

Par contre, ils ont vu régulariser et affermir leurs propriétés privées — qu'ils ont souvent dilapidées avec rapidité ; ils ont profité des écoles que la France a multipliées; ils ont reçu le droit d'envoyer leurs élus dans les conseils représentatifs de tous les degrés ; ils ont participé largement au mouvement économique créé par les colons, et en résumé ils ont acquis une prospérité et un bien-être qu'ils n'avaient jamais connus auparavant : ils reportent cela à la faveur divine, et il en résulte, en dernière analyse, un redoublement de ferveur religieuse dans tous les milieux sociaux.

Cette ferveur a fortifié l'esprit de cohésion de la société musulmane et l'a tenue fermée à tous les appels que lui a faits la société française pour l'attirer à soi.

Les Musulmans n'ont pas profité non plus de la faculté d'entrer dans la société française par voie de naturalisation individuelle, car celle-ci leur imposait d'abord deux obligations extrêmement dures :

1° Se soumettre à la loi sur le service militaire ;

2° Renoncer au statut personnel musulman pour se contenter du foyer monogame de la loi française.

Le premier de ces empêchements a disparu depuis que tous les Musulmans ont été soumis à une loi militaire, mais le second existe encore, et tant que la France n'aura pas trouvé le moyen d'admettre, avec leur foyer traditionnel, les Musulmans que l'instruction ou le souci de leurs intérêts peuvent attirer vers la société française, ils se sentiront rivés au bloc musulman, et ils ne se serviront de leur instruction que pour réclamer une place plus grande pour la société musulmane, non seulement l'égalité économique et fiscale déjà réalisée en fait, mais encore l'égalité politique qu'on ne peut concéder, en bloc tout au moins, à cette masse de plus de 4.700.000 individus.

XLVIIe LEÇON

L'ÉVEIL ÉCONOMIQUE DES MUSULMANS NORD-AFRICAINS

Mahomet avait conçu l'Islam dans un pays pauvre, n'offrant que peu de ressources naturelles à ses habitants, et n'admettant par conséquent que des populations pastorales et nomades, avec de place en place quelques petites villes, installées près des marchés où s'échangeaient les produits des troupeaux contre les objets de première nécessité venus de l'extérieur.

L'argent monnayé était très rare et servait seulement comme appoint dans les échanges.

La paix intérieure était instable, troublée fréquemment par les luttes de tribus pour l'usage des pâturages, ou pour le transit des caravanes.

L'état de guerre avec l'extérieur était presque permanent, puisque c'était la forme normale des relations avec les Infidèles.

Aussi le Coran a-t-il défendu de thésauriser, c'est-à-dire d'accumuler un capital immobilisé, et même d'effectuer des prêts d'argent à intérêts.

Transporté en Afrique du Nord, l'Islam arabe resta fidèle à sa conception et à ses pratiques originelles, conservant dans tout l'intérieur du pays une société pastorale et guerrière, pour laquelle les villes maritimes furent les marchés où l'on venait acquérir de l'extérieur quelques denrées exotiques, sucres, thés, ou les armes ou objets manufacturés dont on ne connaissait pas la fabrication.

Pendant une longue suite de douze siècles, l'instabilité politique, les dissensions intérieures et l'insécurité générale se joignirent ainsi au dédain religieux pour la richesse, au traditionnalisme simpliste importé d'Arabie, pour maintenir l'Islam nord-africain dans une presque parfaite inertie économique.

Avec sa main-d'œuvre abondante, la famille polygame filait et tissait elle-même la laine de son troupeau, dont le lait et les produits la nourrissaient; elle moissonnait, moulait et panifiait elle-même sa récolte d'orge et de blé, proportionnée au strict besoin de sa consommation.

Le salaire d'une journée d'homme était d'un

demi-dirhem (0 fr. 20), et un champ se vendait sans mesure pour un prix insignifiant, 50 ou 100 dirhems.

Quand la France implanta le peuplement européen, les Musulmans boudèrent d'abord aux immigrés, mais l'appât de l'argent, devenu abondant, les dérida vite; l'élévation des salaires offerts par les colons, la valeur élevée attribuée aux terres, vinrent à bout des répugnances musulmanes.

Pendant une première période d'inexpérience économique, les indigènes, comme de grands enfants, dépensèrent follement le produit de leurs salaires, dilapidèrent celui de la vente de leurs terres, parce qu'ils croyaient que Dieu n'avait assigné qu'un temps très court à la domination des Chrétiens, et qu'on reprendrait bientôt à ceux-ci, en les jetant à la mer, les terres qu'on leur vendait.

Mais la durée et la solidité de l'emprise française ont mûri les idées des Musulmans.

Ceux-ci ont vite réalisé leur éducation économique.

Dans ces vingt dernières années, ils se sont montrés de sérieux concurrents pour les Européens : salariés, ils travaillent à meilleur compte que ceux-ci; agriculteurs, ils exploitent selon des méthodes améliorées, copiées chez les colons, et ils ont racheté à ceux-ci des étendues considérables de terres jadis séquestrées après insurrections, ou vendues inconsidérément pendant la période d'inexpérience économique.

La colonie algérienne a même été un terrain d'exploitation et un lieu d'éducation pour des foules de Musulmans des régions tunisiennes et marocaines, accourant chaque année pour louer leur main-d'œuvre, et remportant ensuite, avec un pécule notable, une initiation économique qu'ils utilisent jusque par delà l'Aurès et le Grand-Atlas.

Là a été l'une des causes de l'extension de la France au delà des limites de son héritage turco-algérien.

XLVIIIe LEÇON

L'ISLAM CHÉRIFIEN ET LA CONVENTION DE MADRID

La France déracinant d'Alger l'autorité du khalife ottoman, avait rétabli, au bénéfice du khalife chérifien, l'unanimité politique de l'Islam nord-africain, qu'elle ne parvint ensuite à rompre qu'après dix-sept années de lutte acharnée contre la Défense nationale musulmane.

Ayant écrasé, à l'oued Isly, l'armée chérifienne des Abid-El-Bokhari et des tribus *guich*, ayant bombardé Tanger et débarqué à Mogador, la France se trouva sur le point d'imposer son autorité à l'Islam chérifien; elle en fut empêchée par l'opposition de l'Angleterre.

Celle-ci, ayant reçu des Portugais la ville de Tanger, avait essayé pendant la seconde moitié du dix-septième siècle, d'en faire la forteresse d'où elle commanderait le détroit, mais elle avait, depuis, réalisé plus avantageusement cet objectif en s'installant à Gibraltar.

Son évacuation bénévole de Tanger avait été le point de départ, pour elle, d'une politique d'officieuse protection de l'Islam chérifien, et de vigilance persistante à éviter qu'aucun point de la rive marocaine du détroit pût jamais être utilisé par aucune grande puissance, pour annihiler l'efficacité de la position de Gibraltar.

Voilà pourquoi elle arrêta la France en 1844; et développant ses relations politico-économiques avec l'Islam chérifien, elle négocia avec le khalife la capitulation, avantageuse pour celui-ci, de 1856.

L'Espagne conservait jalousement depuis trois siècles, sur la rive marocaine de la Méditerranée, quatre postes militaires qu'elle considérait comme les bases d'une future conquête du Maroc; stimulée par l'avantageuse position acquise par l'Angleterre auprès du khalife, autant que par l'œuvre réalisée en Algérie par la France, elle débarqua 60.000 hommes à Ceuta et prétendit aller imposer son autorité à Fès, mais la tâche se trouva au-dessus de ses forces, et elle dut se borner à l'obtention d'une indemnité de guerre, dont le paiement fit de plus en plus, du khalife de Fès, l'obligé de l'Angleterre, son bailleur de fonds (1860).

L'Espagne dut, en retour, consentir au souverain musulman la capitulation de 1861, visant, comme la capitulation anglaise de 1856, à réglementer les pouvoirs des consuls et à porter remède aux abus et aux excès d'autorité de ceux-ci.

La politique chérifienne sut jouer habilement des compétitions qui visaient l'empire pour les annuler l'une par l'autre et se maintenir debout.

Elle sut obtenir de la France, en 1863, un traité semblable à ceux consentis par l'Angleterre et l'Espagne, puis élargissant encore le cercle de ses interlocuteurs, elle invita douze puissances chrétiennes à venir simultanément traiter avec le khalife chérifien.

Cette conférence, réunie à Tanger en 1879, se transporta l'année suivante à Madrid, et elle y arrêta la charte des rapports de l'Islam chérifien avec les puissances, leurs nationaux résidant au Maroc, et les consuls de ceux-ci.

XLIXe LEÇON

LE DROIT DE PROTECTION ET D'ASSOCIATION AU MAROC

La Convention de Madrid de 1880, conclue entre les représentants du khalife chérifien, d'une part, et ceux de douze puissances chrétiennes d'autre part, mérite une étude particulière, parce qu'elle va rester, à travers les événements politiques qui la suivront jusqu'à nos jours, la base du statut dont jouissent les Européens dans l'empire chérifien.

La Convention reprend, pour les préciser, les stipulations des capitulations antérieures des diverses puissances européennes, et spécialement des traités signés par la France en 1767 et en 1863.

La *protection* a pour effet de soustraire un Musulman à la juridiction chérifienne pour le placer sous une juridiction consulaire, et de l'exempter des impôts autres que l'impôt agricole, ou dîme, et le droit de portes.

Elle couvre, avec l'individu, ses épouses, ses enfants et ses parents mineurs, vivant sous son toit.

Elle n'est pas héréditaire.

Ont le droit d'exercer la protection :

1° Chaque puissance européenne pour un nombre de douze Musulmans au plus, lui ayant rendu des services exceptionnels ;

2° Les ministres plénipotentiaires, consuls et agents consulaires, chacun pour quatre Musulmans, dont un interprète, un secrétaire, un soldat et un domestique ;

3° Les résidents européens, ou *tadjer*, se livrant au *commerce en gros d'importation ou d'exportation*, pour deux Musulmans qu'ils ont le droit d'attacher, pour faciliter leurs opérations commerciales, à chacun des comptoirs qu'ils peuvent créer dans des localités différentes ; les protégés de cette catégorie sont dénommés « censaux » (سمسار).

De plus, les résidents européens procurent aux Musulmans avec lesquels ils s'associent pour une campagne agricole, selon contrat dressé par âdoul et déclaration à leur consulat, une *protection partielle*, c'est-à-dire que ces *associés agricoles* musulmans sont soustraits à la juridiction chérifienne pour tous les intérêts qu'ils ont en liaison avec le tadjer, et ne peuvent être, de la part des autorités chérifiennes, l'objet d'aucune mesure de nature à porter préjudice aux intérêts de leur associé européen.

Enfin les résidents européens acquièrent le droit d'acheter des immeubles.

Ces stipulations de la Convention de Madrid vont avoir de grandes conséquences politiques et sociales.

Elles affermissent et relèvent encore la situation des résidents européens, car elles permettent à ceux-ci de se faire les protecteurs de nombreux Musulmans fortunés, souvent marabouts ou chérifs, qui se mettent ainsi à l'abri des exactions des autorités chérifiennes, comme des caprices et des expropriations arbitraires du souverain.

Mais la Convention de Madrid a, par ailleurs, fait de l'État chérifien un partenaire direct de douze États européens, rendant difficile, pour chacun de ceux-ci, l'obtention d'avantages particuliers dont ne profiteraient pas tous les autres.

Cette ébauche d'*internationalisation* met donc, au moins pour un temps, l'indépendance du Maroc à l'abri des entreprises individuelles de l'Angleterre, de l'Espagne et de la France.

Quand celle-ci va se retourner vers l'Est de sa colonie algérienne, son expérience acquise ailleurs la mettra à même de donner, à son expansion, la préparation diplomatique qui la débarrassera des compétitions italiennes sur la Tunisie.

Lᵉ LEÇON

LA FRANCE « PROTÈGE » LE PACHA-BEY DE TUNIS

Après avoir été occupée par le pacha turc envoyé par Selim-Khan, Tunis fut bientôt placée par celui-ci, ainsi que Tripoli, sous la haute autorité d'un *beylarbey*, ou bey des beys, résidant à Alger, supérieur direct des beys de Tunis et de Tripoli.

Mais quand Alger, à la fin du seizième siècle, se donna un dey, Tunis suivit presque aussitôt son exemple: elle eut un dey élu par les raïs, ou capitaines marins, lequel, comme son collègue algérois, eut près de lui une force militaire ottomane, des janissaires.

Le chef de ceux-ci, qui avait le titre de bey, concurrença, dès le début du dix-septième siècle, le dey élu par les raïs, et il devint bientôt le véritable maître.

Les janissaires exercèrent donc, à Tunis, le rôle prépondérant qu'avaient conquis, à Alger, les raïs.

Leur élu ne tarda pas à se débarrasser du dey encore gênant pour lui, et à la faveur d'une émeute militaire, le bey Husseïn fit disparaître le dey et prit officiellement le pouvoir, avec le titre de *pacha-bey* (1705).

Le nouveau prince sut s'arranger pour faire approuver son coup d'État par le khalife de Constantinople, et assurant la transmission du pouvoir dans sa famille, il fonda la dynastie husseïnite qui allait commander à Tunis jusqu'à nos jours.

Le gouvernement des pachas-beys tunisiens s'est montré en tout semblable à celui des deys algériens : tout en se maintenant à la tête d'une partie de l'Islam nord-africain à l'aide des moyens militaires qu'il tirait des khalifes ottomans, il se montrait vis-à-vis de ceux-ci un vassal indiscipliné, entretenait activement la guerre corsaire contre les Chrétiens d'Europe et ne tolérait de commerce qu'après tributs et capitulations, consentis par les consuls des résidents européens à Tunis.

Quand la Défense nationale musulmane se dressa contre le conquérant français d'Alger, le pacha-bey sut fournir discrètement son concours à Abdelkader, tout en évitant de donner à la France aucun grief évident.

Pour se mériter l'amitié de celle-ci, il adopta même quelques innovations, ainsi, en 1845, il décréta l'abolition de l'esclavage, — mesure qui resta platonique et irréalisée, du consentement même des esclaves, comme en Algérie.

Ainsi le royaume tunisien réussit à éviter des désagréments semblables aux canonnades de Tanger et de Mogador, et il accueillit sans mauvaise humeur trop marquée le peuplement européen consécutif à la victoire algérienne de la France.

Mais ici les Italiens arrivèrent à Tunis en beaucoup plus grand nombre que les Espagnols à Tanger ; atteignant plusieurs milliers, ils prirent une place prédominante sur les autres immigrés ; ils obtinrent des avantages politiques considérables et même la construction d'une voie ferrée ; bientôt l'Italie se prépara ouvertement à conquérir le royaume.

La France estima souverainement désagréable l'éventualité de voir passer, sous une autre autorité que la sienne, un pays dont les habitants musulmans avaient des liens si intimes et des intérêts solidaires avec ceux de ses sujets algériens, et elle se tînt prête à prévenir l'action italienne qu'elle prévoyait.

Elle se basa sur des incidents de frontière et sur le pillage, par la tribu des Kroumir, d'un navire français naufragé, et tout en spécifiant qu'elle respecterait les situations acquises aux puissances européennes par les capitulations, elle envoya à Tunis une armée et proclama son protectorat sur la Tunisie (1881).

LIe LEÇON

L'ÉTAT FRANCO-MUSULMAN DE TUNISIE

La principauté héréditaire de Tunis n'avait, pas plus que la principauté élective d'Alger, aucune racine profonde dans la société *indigène*, et un ou deux navires auraient suffi pour exporter les éléments turcs qui servaient de faîte à l'État turco-arabe de Tunis.

Mais, dans cette nouvelle conquête, la France se souvint des embarras graves et prolongés qui avaient suivi, pour elle, l'expulsion des Turcs d'Alger ; connaissant maintenant la complexité du problème d'une reconstitution politique intégrale, elle décida d'utiliser l'édifice politique existant, tout en régularisant ses rouages et son fonctionnement, et en le soumettant à sa direction souveraine : ce fut la formule du *protectorat*.

Pour ce faire, se basant sur l'inertie du khalife ottoman devant sa conquête, la France considéra le pacha-bey comme un prince souverain, libre d'attaches extérieures, et elle le plaça sous sa propre vassalité, en mettant près de lui un *ministre-résident* qui devint le chef réel de son gouvernement.

Cette heureuse solution maintint en place le bey héréditaire, elle accrut même sa situation réelle, car le nouveau tuteur français consacra, d'une façon définitive, son autorité jusque-là intermittente et contestée dans presque tout l'intérieur de son « royaume », et l'étendit même sur des populations qui ne l'avaient jamais reconnue, comme certaines tribus nomades des hauts plateaux et les Kroumir sédentaires des montagnes berbères.

A la France aussi, la formule « protectorat » procura l'avantage d'utiliser un organisme adapté au caractère des populations, et d'éviter la longue série d'expériences coûteuses que lui avait imposée, en Algérie, le système de la domination directe.

Donc, avec un *bey* régnant, le royaume tunisien, complété et organisé par la France, est gouverné par un secrétariat d'État où persistent deux Musulmans, le grand-vizir et le vizir de la Plume, mais complété par des directeurs français des grands services publics, administration, finances, instruction publique, agriculture, P. T. T., etc.

Le chef réel de l'administration, dénommé *secrétaire général du gouvernement tunisien*, a sous ses ordres des *contrôleurs civils*, au nombre de treize pour tout le royaume, lesquels surveillent les âmels des tribus, unités administratives fixées par délimitation territoriale.

Dans l'intérieur de ces tribus, ou *caïdats*, des organisations communales existent, de trois degrés :

1° *Municipalités*, avec président musulman, vice-président français, conseillers musulmans et français, dans les villes importantes ;

2° Dans les localités où les immigrés sont encore peu nombreux, des *commissions municipales*, de même composition que les municipalités ;

Et 3° des *commissions de voirie*, exclusivement musulmanes, dans les localités où il n'y a pas, ou très peu, d'immigrés.

Tous les membres de ces diverses organisations sont nommés par des décrets beylicaux.

Quoique la législation musulmane soit la loi de l'État, des innovations utiles peuvent y être introduites par voie de décrets, provoqués par le résident général.

La population musulmane comme la population française immigrée élisent des délégués à la *Conférence consultative*, qui discute et vote le budget tunisien.

Celui-ci, revu par le *Conseil supérieur*, va ensuite à Paris, pour approbation par le Parlement métropolitain, et il est enfin promulgué par décret beylical.

LIIe LEÇON

UNE SOCIÉTÉ MUSULMANE AMÉLIORÉE

Le système politique qui vient d'être exposé a laissé les Musulmans du royaume tunisien à l'abri des profondes transformations sociales antérieurement imposées, tant aux collectivités familiales qu'aux individus, dans la colonie algérienne.

Alors qu'en 1830, par l'application de la formule de la *domination directe*, la France avait heurté de front le principe de l'indépendance politique de l'Islam, mieux avisée en 1881, elle dissimula sa souveraineté de fait sous l'étiquette vague, — et imprévue pour les Musulmans, de *protectorat*, en arabe *himaïa* (حماية) protection, aide, assistance, secours.

Elle laissa ainsi à la conscience musulmane la possibilité d'admettre que l'État musulman, resté debout, ne supportait qu'une « aide » temporaire, bornée à la période d'éducation que la volonté divine avait décrété de lui imposer.

Et la société musulmane se contenta de ce point de vue, d'autant plus facilement qu'elle ne vit toucher à ses institutions politiques que dans la mesure où, souffrant elle-même des imperfections de celles-ci, elle sentit ses conditions d'existence *améliorées* par les innovations introduites.

Ainsi, chaque tribu put vivre tranquille sur un territoire défini, l'arbitraire des âmels fut contenu par les contrôleurs français, et leur omnipotence fut diminuée par l'attribution de la juridiction répressive à des *tribunaux régionaux* musulmans.

On avait souffert de ce que, jusque-là, les contrats n'avaient été rédigés par les âdoul qu'*en brevet*, et sans enregistrement public; de même les décisions judiciaires étaient presque toujours rendues oralement, et sujettes à l'oubli ou à des contradictions : or le protectorat astreignit les âdoul comme les cadis à rédiger régulièrement contrats et jugements, qui furent soumis à un enregistrement officiel.

La société musulmane ne manque pas, nous l'avons vu, d'institutions politiques aussi bonnes et presque aussi complètes que beaucoup d'autres, le malheur a toujours été, dans les États nord-africains, que, tant par suite de la faiblesse du pouvoir central que de l'inaptitude du caractère arabe à l'ordre et à la méthode, ces institutions ont mal fonctionné, ont été déformées par l'arbitraire et le gâchis.

Or, c'est à ces maux que le protectorat français apporta le remède.

De plus il facilita une nombreuse immigration européenne qui mit en valeur beaucoup de ressources naturelles jusque-là inutilisées, les exploita avec le concours de la population musulmane, et procura à celle-ci une prospérité économique qu'elle n'avait jamais entrevue.

Devenus riches, les Musulmans profitèrent encore de l'instruction dispensée par le protectorat, et chez beaucoup d'entre eux est née cette idée, que le rôle de tuteur et d'éducateur, assumé par la France, est terminé, que l'État tunisien est majeur et riche, et qu'il doit redevenir le maître de ses destinées — qu'il doit *vivre sa vie*.

Ce mouvement *nationaliste* a donné naissance au parti des *Jeunes-Tunisiens*, qui a sa presse, ses journaux, et vise à libérer le bey de la tutelle française.

Il est intéressant de noter qu'il a fait éclore, depuis quelque temps, un courant d'idées identiques dans certains milieux instruits de la société musulmane algérienne, auxquels les Européens de là-bas ont donné le nom de *Jeunes-Turbans*.

Il apparaît ainsi que les cloisons géographiques et politiques, que, d'Europe, on voit séparant les trois États nord-africain, sont loin d'être étanches et d'empêcher l'unité morale et sociale de l'Islam.

Cet aboutissement, à un mouvement nationaliste, de l'éducation tant politique qu'économique apportée généreusement aux Musulmans tunisiens par la France, est de nature à indiquer à celle-ci que la formule « protectorat » n'assure pas suffisamment son emprise, et doit par conséquent faire place, à un moment donné, à une liaison plus intime du tuteur et du pupille, liaison que donnera l'*annexion*.

Nous allons voir cette perspective se préciser par la situation difficile où nous trouverons les Français immigrés.

LIIIᵉ LEÇON

LA SOCIÉTÉ EUROPÉENNE DE TUNISIE

La conquête d'Alger par la France, en déterminant d'une part le bey de Tunis à se montrer accueillant pour les Chrétiens, par crainte d'un sort pareil à celui de son voisin algérien, et en appelant d'autre part l'attention des Européens sur la valeur économique du pays nord-africain, provoqua une nombreuse immigration italienne.

C'est, nous l'avons vu, l'importance numérique et politique de la colonie italienne qui, pour une bonne part, décida la France à s'attribuer le rôle de protecteur de l'État tunisien.

Mais la formule protectorat imposa, à Tunis, à la colonisation française des conditions toutes différentes de celles dont elle avait joui à Alger.

En effet, avec la domination directe, l'État

français s'était fait l'héritier de l'État turco-arabe, il avait mis la main sur les terres de la communauté musulmane et même sur les terres de hobous, ou mainmorte, et la répression des insurrections lui avait fourni des séquestres très étendus.

Avec le stock important de terres qu'il s'était ainsi procurées, il avait pu faire de la colonisation officielle, et favoriser exclusivement l'immigration nationale.

C'est ainsi que, réalisée tant à l'aide de concessions gratuites que de *ventes à bureau ouvert*, la colonisation algérienne a pour caractéristique d'être nationale et populaire, faite par des petits commerçants et des paysans.

En Tunisie au contraire, l'État musulman est demeuré maître de toutes ses ressources immobilières, et la France protectrice s'est bornée à assurer l'ordre qui a rendu possible une colonisation par initiatives privées, au moyen de gros capitaux, et par achats directs aux Musulmans.

Pour faciliter cette colonisation, le protectorat n'a pu qu'aider les acquisitions de terres par une *amélioration* de la législation musulmane : les incertitudes et les obscurités de la propriété individuelle ont été corrigées par un régime d'*immatriculation* des terres, copié sur l'Act Torrens australien, et appliqué par le *tribunal mixte*, composé de juges français et de juges musulmans, qui donne à la propriété une valeur définitive.

Dans ces conditions, l'immigration française n'a pas joui d'avantages spéciaux et prédominants, comme en Algérie ; l'immigration étrangère, et surtout italienne, a continué très nombreuse et très active, et ne trouvant aucun avantage positif à se dénationaliser, les immigrés italiens ont formé une société italienne à allures indépendantes, groupée derrière son consul, obstinée à garder le bénéfice de ses capitulations pendant plus de quinze ans après l'installation du protectorat, ayant encore aujourd'hui ses écoles et ses œuvres de bienfaisance particulières.

Supérieure en nombre à la société française cependant plus riche, elle n'admet un point commun avec celle-ci, un lien *européen*, que dans les moments où se manifeste une hostilité *musulmane*.

Pour le reste, elle se tient à l'écart de la société française dont elle jalouse la puissance économique comme son intervention politique dans l'État tunisien.

Ainsi peut-on s'expliquer que, pour s'assurer la suprématie, tant sur les immigrés étrangers que sur les forces musulmanes menées par les Jeunes-Tunisiens, certains milieux français tendent à la déposition du bey et à l'annexion du royaume au territoire de la République.

LIVe LEÇON

L'ISLAM CHÉRIFIEN ET L'ACTE D'ALGÉSIRAS

Pendant que la France organisait son protectorat en Tunisie, l'Islam chérifien s'étudiait à conserver son traditionnalisme, ses formes politiques et sociales acquises au cours des siècles, et que menaçaient d'une part l'activité grandissante des résidents européens dans les villes maritimes, et d'autre part l'éveil économique des Musulmans.

C'est à ce souci de se préserver de l'étranger que se passa le règne de Moulaï-Hassane (1873-1894).

Ce souverain, dont le père, Sidi-Mohammed, avait lutté contre les Espagnols en 1860, et le grand-père, Moulaï-Abderrahmane, avait coopéré à la Défense nationale contre les Français en 1844, était parvenu à réaliser l'avantageuse Convention de Madrid à la faveur de l'appui de l'Angleterre, et c'est sous l'influence anglaise que se continua son règne.

Quand, à partir de 1890, l'expansion française se dessina vers les Oasis sahariennes, jusque-là partie intégrante de l'Islam chérifien, Hassane voulut intervenir avec une armée, mais il était à peine parvenu dans le Tafilelt qu'il se trouvait obligé à regagner le Nord de son empire, pour faire face aux Espagnols qui le menaçaient, de Mellila, avec une armée de 50.000 hommes.

Il mourut à la peine, et son jeune fils Abd-el-Aziz reçut le collier du khalifat par les soins du vizir Ba-Ahmed, qui gouverna en son nom en continuant d'obéir aux influences anglaises.

Dans ce même temps, se dessina peu à peu l'entrée en ligne, concurremment avec l'Angleterre, la France et l'Espagne, d'un nouvel aspirant européen à la tutelle de l'Islam : c'était l'Italie qui, cherchant à se consoler de la déception causée par l'irruption de la France en Tunisie, inaugurait une politique active à la cour chérifienne et créait une manufacture d'armes à Fès.

A la mort de Ba-Ahmed (1899), le jeune Abdel-Aziz obéit de plus en plus aux influences anglaises qui le décidèrent à une série d'actes malencontreux.

Lui, dont l'élévation au khalifat avait déjà été très difficilement acceptée par les oûlama à cause de sa minorité, l'une des conditions imposées par la législation malékite au khalife étant d'être pubère (بالغ), il dut signer avec la France le traité de 1902, inaugurant l'intervention étrangère dans l'Est de l'empire; puis il décréta une réforme fiscale contraire à la loi coranique, et encore une réforme monétaire également illégale.

Il s'aliéna les oûlama, les zaouïas, les tribus et les villes, et l'insurrection s'étendit sur les trois quarts de l'empire.

Dénué de ressources, aux abois, il sollicita des emprunts à l'étranger; la France consentit à devenir son banquier, mais elle voulut des gages, et elle chargea son ministre à Tanger de se rendre à Fès pour étudier, avec le gouvernement chérifien, un plan général de réformes à introduire dans l'empire sous la tutelle française.

La France désintéressait en même temps ses trois compétitrices : l'Angleterre, en lui cédant le champ libre en Égypte ; l'Italie, en lui reconnaissant sa liberté d'action en Tripolitaine ; et l'Espagne, en lui réservant une zone d'influence autour de ses présides marocains.

C'est alors que se déclara brusquement un nouveau compétiteur européen.

Sans doute mise à l'aise par les défaites russes en Mandchourie, l'Allemagne qui, depuis 1870, avait encouragé, pour sa tranquillité sur les Vosges, toutes les entreprises coloniales de la France, marqua tout à coup une opposition nette à l'intervention française au Maroc.

Le Kaiser vint à Tanger et se déclara l'ami et l'allié du « sultan » maladroit et compromis, et pendant que le consul allemand faisait bâtir, à Casablanca, un consulat « kolossal » — que payait la douane chérifienne, son souverain faisait résonner le « grand sabre allemand », et suggérait au sultan d'inviter toutes les puissances signataires de la Convention de Madrid à une nouvelle conférence à Algésiras (1906).

LVe LEÇON

LE MAROC INTERNATIONALISÉ AVEC L' « INTÉRÊT SPÉCIAL » DE LA FRANCE

La Convention de Madrid avait fixé un statut avantageux pour les Européens résidant dans l'empire chérifien, et aussi pour les Musulmans devenus leurs protégés ou leurs associés agricoles, mais elle avait respecté la souveraineté musulmane, et l'avait même consolidée, en soumettant à son assentiment préalable le passage des Musulmans sous une juridiction consulaire, comme aussi en plaçant l'exercice du droit de propriété immobilière par les Européens sous la juridiction chérifienne.

L'Acte d'Algésiras confirma tout cela, mais de plus il consacra l'ingérence des puissances européennes dans les affaires intérieures de l'empire chérifien, tant au point de vue politique que dans l'ordre fiscal et financier, et il visa à assurer à toutes les puissances une action effective, sinon égale, dans le fonctionnement de ce nouveau régime international, en chargeant de sa surveillance l'assemblée des ministres européens à Tanger, devenue, sous le titre de *Corps diplomatique*, un comité de contrôle de l'empire.

Pour assurer le bon ordre dans les villes maritimes où les résidents européens, de plus en plus nombreux, encourageaient l'éveil économique des Musulmans, l'Acte créa des troupes indigènes, à cadres d'officiers européens, dites *tabors de police*.

Il ajouta aux ressources de l'État chérifien en instituant un nouveau droit de douane de 2,5 p. 100 *ad valorem*, et aussi une *taxe urbaine* exigible, dans les villes maritimes, tant des Européens que des Musulmans ; et pour veiller à ce que les produits de ces taxes soient employés à des travaux d'utilité publique, ports et routes, il créa un *Comité des travaux publics*, mi-partie européen et musulman, surveillé par le Corps diplomatique.

Enfin, pour assurer la situation financière de l'État chérifien, il envisagea pour celui-ci la création d'une *Banque d'État*, ainsi qu'un emprunt international, pour la sauvegarde duquel il créa un service du *Contrôle de la Dette*.

En dotant le Maroc de ce régime international, l'Acte d'Algésiras reconnut l'*intérêt spécial* que la France prétendait avoir à la pacification du pays limitrophe de sa colonie algérienne : il décida d'une part que les officiers européens des troupes de police seraient français dans six villes maritimes sur huit, et d'autre part, il réserva à la France une part largement prépondérante dans l'organisation du Contrôle de la Dette et de la Banque d'État.

La prépondérance des intérêts français et la coexistence des autres intérêts européens, dans l'œuvre internationale de mise en valeur de l'empire chérifien envisagée à Algésiras, ressortent très clairement de la formule mathématique adoptée pour la représentation des différentes puissances chrétiennes dans les nouvelles institutions financières; cette formule fut ainsi réglée :

France	33 p. 100	(soit 1 tiers)
Angleterre . . .	17 —	(soit le 2e tiers).
Allemagne . . .	17 —	

Et pour le 3e tiers :

1° Espagne, 17 p. 100;

2° Les huit puissances restant, savoir : Autriche-Hongrie, Belgique, États-Unis, Italie, Hollande, Portugal, Russie et Suède, chacune 2 p. 100, en tout 16 p. 100.

LVIe LEÇON

LA FRANCE « PROTÈGE » LE SULTAN DU MAROC

Le régime international fixé à Algésiras était peu viable, car sur les douze puissances représentées, l'Angleterre, l'Espagne et l'Italie s'étaient, par des traités antérieurs, désintéressées du Maroc au profit de la France, et sept autres ne se souciaient guère de s'intéresser à ce pays ; les unes comme les autres n'étaient venues que par déférence pour l'Allemagne, seule compétitrice réelle de la France, et inspiratrice du système.

Mais pour que l'œuvre allemande tînt debout, il aurait fallu que le sultan, son partenaire, se maintînt le maître obéi d'un Maroc musulman docile, et respectueux des intérêts européens qui allaient se développer dans les villes maritimes, et s'étendre ensuite dans l'intérieur.

Or il en fut tout autrement; Abd-el-Aziz acheva de perdre le peu d'autorité qui lui restait, et la croyance qu'il avait été ensorcelé par les Chrétiens, escamoté et remplacé par un sosie, s'ancra partout dans le peuple musulman ; il perdit tout son prestige de khalife pour ne rester qu'un *sultan*, dans le sens péjoratif du mot, un tyran faible.

Tandis qu'un chef insurgé devenait le sultan de fait de tout le Maroc oriental, un des frères du sultan compromis, gouverneur de Merrakech, Abd-el-Hafid, dit communément Moulaï-Hafid, affirmait la prétention de remplacer son frère à la tête de l'empire.

Hafid fut d'abord encouragé par la France contre le sultan ami de l'Allemagne, puis comme des attentats commis contre des Européens provoquaient l'occupation d'Oudjda et de Casablanca par des troupes françaises, et comme le sultan venait à Rabat se réconcilier avec le représentant de la France, Hafid devint bientôt le candidat de l'Allemagne contre le sultan rapproché des Français.

Pour se défendre contre la tutelle imminente de la France, les oûlama *répudièrent* Abd-el-Aziz et décernèrent le collier du khalifat à Hafid, et l'Allemagne, en se hâtant de reconnaître le nouveau sultan, contraignit toutes les autres puissances, la France comprise, à l'imiter.

Mais Hafid ne put régner qu'en se réconciliant à son tour avec la France, dont les troupes occupaient, tant à l'est qu'à l'ouest, plus d'un tiers de l'empire, et qui, seule, était en mesure de se faire son indispensable banquier.

La désaffection populaire s'ensuivit, et la révolte musulmane gronda contre Hafid comme elle avait grondé contre son frère, il fut bloqué dans sa capitale et ne put se maintenir qu'en appelant les troupes françaises à Fès; il consentit enfin à accepter, par un traité formel, le protectorat de la République (mai 1911).

L'Allemagne riposta par le « coup d'Agadir », l'envoi d'un bateau de guerre sur la côte marocaine, mais devant l'attitude ferme de la France soutenue par ses alliés, elle a consenti (novembre 1911) à reconnaître le protectorat.

Le général chargé de diriger les opérations militaires a été nommé, en même temps, *résident général de France au Maroc ;* il a reçu depuis lors l'abdication de Hafid, et assuré l'élection au khalifat de Moulaï-Yousef, frère des deux précédents sultans; il procède actuellement à l'organisation du protectorat.

LVIIe LEÇON

TRIBUTAIRES ET RÉSIDENTS EUROPÉENS AU MAROC

Le protectorat marocain de la France entre en vigueur d'une façon assez semblable à son aîné de Tunis : comme celui-ci à ses débuts, il se sent d'abord gêné par l'obligation de respecter les situations acquises par les capitulations et les conventions internationales.

Comme lui encore, il doit faire précéder toute organisation politique d'une occupation militaire qui ne s'opère pas sans lutte, parce qu'au point de vue musulman, le souverain ne peut accepter la tutelle politique d'un État chrétien sans déchoir, qu'alors tous les groupements de la communauté musulmane recouvrent leur liberté individuelle, et doivent, chacun pour son compte, tenter les chances de la bataille avant de pouvoir se résigner à la soumission pour éviter un plus grand dommage.

Cette période d'opérations militaires est aujourd'hui révolue dans la moitié ou plus de l'empire, là l'héritier des khalifes chérifiens, le *sultan* protégé *règne*, mais c'est le résident général qui gouverne, entouré, comme à Tunis, des vizirs musulmans et de *directeurs* français des grands services d'État.

L'action gouvernementale du protectorat n'a pas encore imposé d'innovations à la société musulmane, qui s'est maintenue jusqu'à ce jour dans le cadre politique et l'état social traditionnels que nous avons étudiés en détail; on s'est seulement appliqué à régulariser les institutions existantes, dont la plus grave défectuosité résidait surtout dans la faiblesse, l'incurie et la vénalité du gouvernement musulman.

A ce jour, le protectorat n'a inauguré un nouvel état de choses que pour les tributaires et les résidents européens.

Les tributaires juifs étaient passés en grand nombre dans les écoles créées, dans plusieurs villes, depuis un quart de siècle par *l'Alliance israélite universelle*, et quand l'inauguration du protectorat a mis fin à leur sujétion politique, ils se sont trouvé pourvus de l'instruction qui, avec leur connaissance approfondie des affaires locales, leur a permis de se faire des situations avantageuses dans le nouvel état de choses.

Les résidents européens étaient devenus, surtout depuis la Convention de Madrid, assez nombreux dans toutes les villes maritimes où, avec le concours d'associés juifs et de protégés musulmans, ils s'étaient créé, eux aussi, des situations commerciales fort avantageuses.

L'occupation française de la Chaouïa en 1907, puis l'établissement du protectorat, ont provoqué l'arrivée de milliers d'Européens (Casablanca en compte à l'heure actuelle, 25.000 dont 12.000 Français), qui ont triplé en cinq ans le mouvement commercial, et surtout se sont efforcés, en se créant des relations avec les Musulmans sous le régime de la Convention de Madrid resté en vigueur, d'acquérir des terres et de créer des exploitations agricoles.

Des concurrences acharnées se sont élevées entre les individus de diverses nationalités : Français, Allemands, Espagnols, Italiens, Anglais, se combattent en faisant intervenir à tout propos leurs consuls respectifs, et c'est un des plus lourds soucis du protectorat que de tenir la loi musulmane et les autorités chérifiennes à l'abri des compétitions, des empiétements, des appétits fiévreux de cette ruée, où chacun prétend se faire une place aux dépens de ses voisins, tant musulmans qu'immigrés.

Pour cette action protectrice et régularisatrice sur l'administration chérifienne, le protectorat utilise d'abord le *Service des renseigne-*

ments de l'armée d'occupation, mais ce personnel militaire doit, au fur et à mesure que la pacification le permet, faire place à des *contrôleurs civils* semblables à ceux de Tunisie : cette transformation est déjà opérée en Chaouïa, et elle est tout aussi opportune dans les Confins algéro-marocains.

LVIIIe LEÇON

LES POIDS, MONNAIES ET MESURES AU MAROC

La législation musulmane connaît, comme unité de poids, le *retal*, ou *livre*, qui primitivement eut, à La Mekke, une valeur de 419 gr., mais varia ensuite du simple au triple, en prenant pratiquement, dans chaque pays musulman, la valeur de la livre que la conquête musulmane y trouva en usage.

Le retal a deux sous-multiples différents et indépendants l'un de l'autre : d'une part l'*oukïa*, ou *once*, qui est généralement le douzième du retal ; et d'autre part le *metkal*, qui est toujours le centième du retal.

Et comme les monnaies musulmanes sont liées au système pondéral, le metkal fixe, dans chaque pays de l'Islam, le poids de la pièce d'or dénommée *dinar*, et les 7/10 de ce même poids fixent le poids de la pièce d'argent dite *dirhem*, dont nous avons déjà eu à parler : telle est la règle établie par Abd-el-Malek l'Abbasside, et dite loi des 7/10/100.

L'Islam nord-africain a connu plusieurs livres différentes, et par suite des monnaies variant de poids, sinon de nom, selon les divers émirs et khalifes, qui ont eu des ateliers monétaires.

A la suite de l'éveil économique provoqué par l'œuvre algérienne de la France, et quand le nombre des résidents européens se fut augmenté à l'abri de la Convention de Madrid, un mouvement d'affaires plus actif a fait naître, au Maroc, le besoin d'un stock monétaire plus abondant et plus perfectionné.

C'est Moulaï-Hassane, le promoteur de la Convention de Madrid, qui le premier sentit ce besoin et fit frapper, à Paris, une série de monnaies d'argent pouvant être comparées aux séries européennes; elle fut dite, de son nom, *monnaie hassani*.

Il prit pour base le dirhem primitif de la Mekke, de 50 et 2/5 grains d'orge, soit 2 gr. 93, qu'il dénomma *dirhem chrâï*, ou *dirhem légal ;* il lui adjoignit comme sous-multiple le *demi-dirhem*, comme multiple la *pièce de dix dirhems ;* et il compléta la série par des pièces de *5 dirhems* et de *2 dirhems et demi*.

Moulaï-Abd-el-Aziz a fait faire, au début de

son règne, des frappes identiques : c'est l'*azizi* ancien.

Mais il arriva que la pièce de 10 dirhems, comparable à la pièce de 5 francs française ou à la pièce de 5 pesetas espagnole (douro), et pour cette raison couramment dénommée *douro*, ou *rial hassani*, pesait plus de 29 gr., alors que ses similaires européennes n'étaient que de 25 grammes.

Pour la ramener à ce dernier poids, Abd-el-Aziz décida à partir de 1901 (1320 de l'hégire) de faire établir un dirhem de 2 gr. 5 qui n'avait jamais existé dans l'Islam, et il le dénomma *dirhem radjah*, ou *dirhem suffisant :* toutes les pièces de la série furent diminuées en proportion.

Cette monnaie *azizi nouveau* faisant perdre plus de 12 p. 100 sur les frappes antérieures, ne put entrer en circulation qu'au prix d'émeutes populaires et de cours différentiels.

Moulaï-Hafid a fait frapper sur la même base la monnaie *hafidi*.

Aujourd'hui on admet sur le même pied le hassani, les deux azizi et le hafidi, et ces monnaies chérifiennes sont actuellement au change de 120 p. 100 avec l'argent français.

La *peseta hassani*, de cinq au rial, est une *expression de compte* introduite par les Européens ; elle se représente par deux pièces d'un dirhem (*rebaïa*).

Le retal est le poids en usage dans l'empire, mais on distingue plusieurs retals de valeur différente ; on voit :

1° Le *retal foddi*, ou *livre argentière*, valant 12 onces, ou 100 *metkals*, ou 144 dirhems en poids, soit environ 419 grammes (l'ancienne livre *mekki*), ou 358 grammes, selon qu'on se base sur le dirhem hassani ou sur l'azizi ;

2° Le *retal attari*, ou *livre épicière*, de 16 onces;

3° Le *retal guezzari*, ou *livre bouchère*, de 18 onces.

Les orfèvres connaissent aussi le *kirat*, dont 24 valent un metkal.

Ces quelques poids ont suffi jusqu'ici aux Musulmans qui n'aiment pas à peser, qui, dès qu'ils le peuvent, *mesurent*.

Or, pour le mesurage, il n'y a aucune réglementation d'État, ni aucun ustensile d'origine légale; la douane chérifienne emploie une mesure d'origine espagnole, la *fanègue* valant environ 55 litres, et de leur côté, chaque ville, chaque zaouïa, chaque tribu, ont leurs mesures particulières.

Comme partout ailleurs en Afrique du Nord, on donne ici à la mesure servant pour les céréales les noms divers, selon les régions, de *sâ* (صاع), de *kharrouba*, et de *moudd*, avec des capacités variant de 30 à 120 litres.

Cette mesure se subdivise en 8 *temeïen* ou *temeni* (huitième).

On mesure les huiles à la *kolla*, ou cruche.

Les mesures de longueur, pour les étoffes, sont la *kala* et la *drâa* ou coudée, dont deux font environ 1 mètre.

Les mesures de superficie sont également diverses selon les régions: les plus communes sont le *habel*, ou corde, et le *feddane;* il y a surtout le *kheddam*, qui, sur toute la côte ouest, est un carré de 25 pas de côté, et comme le pas, ou *khetoua*, est une enjambée *maxima*, mesurée de talon à pointe, soit environ 1 m. 70, le kheddam vaut environ 18 ares.

On évalue aussi les superficies en *sekka*, ou *charrue*, surface que peut labourer un attelage en une saison (de 5 à 20 hectares) : ou encore en exprimant le nombre de moudd de semences qui peut y être employé, ainsi on dit: une parcelle de 5 moudd.

Il serait facile de faire adopter par les Musulmans la livre *métrique* et tout le système métrique, car l'ancien Islam a connu un retal de 499 gr. 67, qui était les 10/7 du retal d'Aragon de 349 gr. 7, et diffère de moins d'un demi-gramme du demi-kilogramme.

LIXe LEÇON

L'ACCESSION DES EUROPÉENS A LA PROPRIÉTÉ IMMOBILIÈRE

Quand la France a voulu utiliser sa conquête algérienne comme *colonie de peuplement*, elle a pu affecter à l'installation des immigrants le stock important de terres que sa victoire militaire avait mis à sa disposition absolue, mais le peuplement européen étant venu à s'étendre hors des limites du territoire franco-algérien la question de l'accession des immigrants à la propriété immobilière *par voie amiable* s'est posée, tant dans l'État chérifien que dans l'État tunisien.

Or, la législation musulmane, ainsi que cela ressort de sa conception de la *guerre sainte*, n'a jamais envisagé les non-Musulmans, ou *Infidèles*, que comme l'*ennemi*, qu'il faut combattre et contraindre à conversion ou à capitulation, ou bien comme le *tributaire*, qui peut, par capitulation, conserver ses biens immobiliers, mais en aucun cas ne peut traiter d'égal à égal avec le Musulman, ni acquérir de celui-ci aucune terre musulmane.

C'est cependant ce pied d'égalité, entraînant la possibilité des transactions immobilières, qui constitue le *desideratum* des Européens immigrant dans l'Afrique du Nord sous l'égide de la France.

Par l'importance des sommes qu'ils offraient, ils ont d'abord obtenu quelques cessions d'immeubles, mais ces défaillances individuelles des Musulmans étaient rares et difficiles à obtenir sans l'approbation de leurs gouvernants.

La première dérogation officielle à la législation musulmane a été consentie par Moulaï-Hassane et consacrée par la Convention de Madrid, qui a reconnu aux Européens le droit de propriété, en le soumettant au consentement préalable du sultan et aux formes prescrites par la loi musulmane.

Puis la même situation de fait a découlé, pour les Européens, de l'installation du protectorat français en Tunisie, car là on ferma les yeux sur ce qu'on était impuissant à empêcher, et même le gouvernement du bey, inspiré par son tuteur français, institua bientôt, pour faciliter les acquisitions immobilières des Européens, le régime d'*immatriculation* des terres dont il a déjà été parlé.

Au Maroc, l'admission des Européens à la propriété immobilière a été reprise, confirmée et précisée par l'Acte d'Algésiras, dont les stipulations ont été maintenues par le traité franco-chérifien de protectorat.

Tout Européen peut donc accéder à la propriété immobilière sous le régime de la loi musulmane, mais l'exercice de ce droit est semé de difficultés pour l'immigrant.

Il doit d'abord s'abstenir de rechercher tout immeuble qui peut dépendre du Makhzen ou des Habous, tout en se trouvant occupé, à titre locatif, par un Musulman qui ne manque pas de s'en dire le propriétaire et d'en offrir la vente.

Puis quand l'Européen a trouvé une terre véritablement propriété privée et acquérable, il doit en rechercher tous les co-propriétaires indivis et ne traiter qu'avec eux tous, et simultanément, car un seul d'entre eux qu'il oublierait ne manquerait pas plus tard, en exerçant son droit de *chefâa*, ou *préemption*, d'annuler la vente consentie par tous les autres, et de frustrer l'Européen de son acquisition, tout en le laissant dans l'impossibilité de se faire restituer le prix versé.

L'Européen doit se garder d'acquérir sans examen préalable du titre de propriété de celui qui s'offre à vendre, car les titres diffèrent de nature et de qualité.

Ceux qui ont le plus de chances de sincérité et de validité sont les actes constatant une transmission de propriété antérieure, tels que les actes de *vente*, de *préemption*, de donation.

Mais souvent un propriétaire possède une terre par d'autres voies, celle d'héritage par exemple, qui peut n'avoir pas donné lieu à un acte spécial.

Il se munit alors, quand il veut vendre, d'un *acte de notoriété*, vulgairement dénommé *moulkïa*, ou titre de propriété (de *melk*, propriété).

Cet acte de notoriété, ou *chehada* (témoignage), peut être de deux sortes :

1° La *chehada âdoulia*, ou *témoignage par âdoul*, rédigée et signée par deux âdoul qui portent témoignage de ce qu'ils *connaissent personnellement;* cet acte offre, par suite de la notoriété des déclarants, de très grandes chances de sincérité;

2° La *chehada lefifia*, ou témoignage *par commune renommée*, dans laquelle deux âdoul ont seulement enregistré, en qualité de notaires, le témoignage porté, soit par un autre âdel et six témoins, soit uniquement par douze témoins dont les rédacteurs garantissent — relativement — la capacité testimoniale, en leur laissant la responsabilité de l'exactitude et du bien-fondé de leur témoignage.

On conçoit que cette seconde sorte de titre mérite sensiblement moins de confiance que la première.

L'Européen doit encore s'assurer que le titre présenté satisfait à certaines conditions de fond et de forme, telle par exemple l'homologation par un cadi vivant et *connu*.

Puis s'il traite après s'être entouré de toutes ces précautions, il risque encore qu'un quidam se mette en travers de son acquisition, en produisant un titre plus ou moins semblable à celui que lui aura remis son vendeur, mais antérieur en date, et annulant par conséquent sa propre acquisition.

A toutes ces difficultés, et à d'autres encore, qui guettent l'Européen débarqué au Maroc, un remède partiel, et temporairement suffisant, va sans doute être apporté prochainement par le protectorat, qui étudie et prépare l'instauration d'un régime d'*immatriculation* inspiré par celui qui fonctionne déjà en Tunisie, à la satisfaction générale.

LXe LEÇON

LA MONTAGNE BERBÈRE

Plus de la moitié de l'empire chérifien est déjà occupée par les troupes françaises, pacifiée ou en voie de l'être, et dès maintenant *ouverte* à l'activité des Européens et à la mise en valeur économique, c'est la portion habitée par les populations arabo-berbères semblables à celles qui habitent les autres régions politiques de l'Afrique du Nord.

Et c'est précisément l'unité mentale profonde de ces populations et de leurs parents algériens et tunisiens employés par la France dans son entreprise marocaine, qui a permis à celle-ci d'obtenir les résultats si rapides et si importants qu'elle a pu enregistrer depuis ses débuts si récents.

Les Musulmans algériens et tunisiens sont en effet, tant comme soldats que comme commerçants ou courtiers d'affaires, les plus merveilleux agents, même involontaires, de l'établissement de l'influence française sur les Musulmans marocains auxquels, dans leur langue commune et sur la base d'une mentalité commune, ils enseignent par quelle puissance supérieure et irrésistible la France les a contraints, eux les premiers, à subir sa tutelle politique.

Mais la seconde moitié de l'empire a échappé jusqu'ici à l'autorité directe du protectorat, d'abord parce que c'est la montagne haute et escarpée, d'accès difficile, et ensuite parce que les Berbères purs qui habitent cette montagne récusent toute parenté avec les populations déjà soumises, et ne se sentent Musulmans que juste assez pour ajouter l'esprit d'indépendance de l'Islam à leur aversion native contre toute domination, tant arabe qu'étrangère, et à leur mépris pour les Musulmans ralliés au maître chrétien.

C'est ainsi qu'à l'abdication de Hafid, toute la montagne berbère est allée au champion qui se dressait, dans le Sud, contre le sultan du protectorat, et que Hiba pilla Merrakech dans une haine égale contre les Musulmans soumis et contre les Français.

L'adresse du protectorat a été d'exploiter alors le ressentiment de quelques chefs berbères lésés et dupés par le prétendant, de lier leurs intérêts et leurs ambitions à son sultan choisi, et de lancer l'un et les autres contre celui dont le succès avait été d'abord souhaité par tous.

Il a ainsi amené à une attitude favorable au protectorat la moitié des *princes* (émirs) pratiquement autonomes, auxquels obéit la montagne berbère : le Glaoui, le Metougui, le Guendali, le Guellouli.

La société berbère n'admet pas de grandes tribus unigénériques, elle présente des groupements plus morcelés, bornés parfois à un seul village, mais dans chacun d'eux une personnalité dominante, un chef s'institue, tant par ses propres qualités que par l'appui de ses parents ou alliés; puis par le moyen des forces de son village autant que par son influence personnelle, il étend son autorité sur les villages voisins, il devient l'arbitre d'une région étendue et son porte-parole vers l'extérieur; à l'avènement d'un Prince-des-Croyants comme à l'occasion des fêtes religieuses, il conduit à celui-ci une délégation, et offre une *hedia*, ou présent.

Le souverain lui confère alors le titre d'âmel, ou caïd, qu'il accepte sans s'en embarrasser, car s'il lui arrive de se trouver ensuite en désaccord avec le Makhzen, il dispose personnellement des forces de sa confédération, plusieurs milliers de fusils souvent.

Il ne s'attribue quant à lui aucun titre, les solliciteurs l'appellent parfois émir, « sultan », il l'est en fait, et du dehors on le désigne seulement par sa dénomination générique : le Glaoui, *celui des Glaoua;* le Guendafi, *celui des Guendeïf;* le Guellouli, *celui des Ida-ou-Guelloul;* le Zaïani, *celui des Zaïane;* l'Ouirraoui, *celui des Aït-Ouirra*, etc.

Le Zaïani avait fait la guerre à Abd-el-Aziz et il donna sa fille en mariage à Hafid.

Tels sont les chefs de la montagne berbère.

Leurs frères vivent pauvrement, de leurs champs et de quelques troupeaux, dans des massifs qui recèlent des richesses énormes, soit en gisements miniers, soit en essences forestières, pins, thuyas, chênes, cèdres, qu'ils ne savent pas exploiter, mais qui sont leur citadelle douze fois séculaire contre les Arabes et l'Islam politique.

Peu à peu, au long des siècles, l'Islam-religion s'est cependant infiltré parmi eux, et ils sont devenus Musulmans, tout en tenant leur pays fermé aux sultans, et en restant les maîtres sur leurs sommets; mieux, ils ont même un jour conquis la plaine, et c'est de chez eux qu'est sorti le *mehdi* fondateur de la dynastie almohade; mais le flot arabe est revenu battre le pied de la montagne et les a encerclés chez eux, les tenant à sa discrétion par le besoin de certaines denrées du dehors.

La France a déjà rencontré, en Afrique du Nord, d'autres « montagnes berbères », les tribus du Dahra, les *kabylies*, ou plus exactement les *tribus* (kebaïl) du Djurdjura et du Babor, les Kroumirs tunisiens, les Chaouïa de l'Aurès.

Elle n'a pas d'abord jugé utile de leur attribuer un traitement spécial, elle les a confondus dans la masse « indigène », les amenant à s'arabiser pour satisfaire à son besoin d'uniformité.

Puis sous l'empire de mystérieuses affinités, imputables peut-être à la commune souche aryenne, on a pensé que la différence ethnique qui sépare les Berbères des Arabes commandait d'offrir, aux premiers, une éducation politique et sociale distincte : de là est née la « section kabyle » aux Délégations algériennes.

Au Maroc tout au moins, il semble bien qu'on ait devant soi, moins deux races restées, par endroits, distinctes que *surtout* deux catégories de Musulmans, ayant en commun la haine de l'étranger, et qu'il n'y ait pas avantage à considérer l'une ou l'autre de ces catégories en dehors de son cadre islamique traditionnel.

En effet, dans la Berbérie marocaine, grande et riche quatre ou cinq fois comme toutes les autres réunies, le protectorat réussit pacifiquement à influencer les populations quand il *peut* utiliser l'intermédiaire du sultan et de leurs chefs naturels, mais quand certains de ceux-ci lui résistent, toute la montagne se hérisse de fusils et la parole revient au canon : le Zaïani et l'Ouirraoui nous le montrent en ce moment (juin 1913), au Tadla, en nous tuant en un seul jour plus d'hommes que n'en a coûté naguère, en cinq mois, toute la campagne de la Chaouïa.

L'effort développé en Tadla pour... égratigner la montagne berbère aurait été suffisant pour occuper Taza et réaliser du même coup deux résultats de haute importance :

1° Isoler de son bastion nord qui, par Mellila, la fait approvisionner par tous les contrebandiers, l'immense citadelle berbère déjà bloquée par l'Est et par l'Ouest, acculée au désert vers le Sud, et cependant incapable de se passer des sucres, cotonnades et munitions de guerre de l'extérieur ;

2° Ouvrir enfin la grande route qui reliera le jeune Protectorat marocain au magnifique réservoir d'énergies et de ressources qu'est la colonie algérienne, « clef de voûte » de la domination française en Afrique du Nord.

3609. — Tours, imprimerie E. Arrault et Cie.

ERNEST LEROUX, ÉDITEUR

28, RUE BONAPARTE, 28

3609. — Tours, imprimerie E. ARRAULT et Cie.

www.ingramcontent.com/pod-product-compliance
Ingram Content Group UK Ltd.
Pitfield, Milton Keynes, MK11 3LW, UK
UKHW012209240726
13966UKWH00002B/670

9 782012 927933